뉴삼성의 시대가 온다

뉴삼성의 시대가 온다

초판 1쇄 인쇄 2022년 10월 11일
초판 1쇄 발행 2022년 10월 14일

지은이 | 박광수
펴낸이 | 임종관
펴낸곳 | 미래북
편   집 | 정광희
본문 디자인 | 디자인 [연:우]
등록 | 제 302-2003-000026호
본사 | 서울특별시 용산구 효창원로 64길 43-6 (효창동 4층)
영업부 | 경기도 고양시 덕양구 삼원로73 고양원흥 한일 윈스타 1405호
전화 031)964-1227(대) | 팩스 031)964-1228
이메일 miraebook@hotmail.com

ISBN 979-11-92073-19-4   (03320)

뉴삼성의
시대가 온다

초격차를 뛰어넘어 아무도 가지 않은 길을 향해

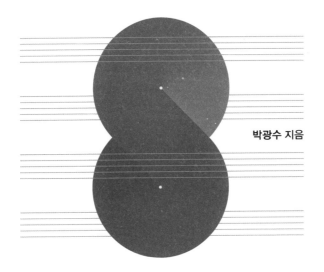

박광수 지음

MIRAE
BOOK

CONTENTS

PART 3

삼성의 발전

PART 4

한계를 뛰어넘는 삼성

PART 5

뉴 삼성으로의 도약

PART 1

세계를 움직이는
삼성의 시작

1938년 3월 부친의 도움으로 받은 3만 원의 자본금으로 대구 수동에 간판을 내걸고 사업을
시작했으며 그 후 6 · 25전쟁이 발생하자 부산으로 피난, 삼성물산(주)를 설립해
설탕, 비료 등을 수입, 판매해 상상할 수 없을 정도의 수익을 창출하게 되어
이후 삼성그룹을 키워나가는 데 커다란 보탬이 된 것으로 알려진다.

범 삼성그룹 가계도

故 이병철 회장
(1901~1987)
삼성그룹 창업주

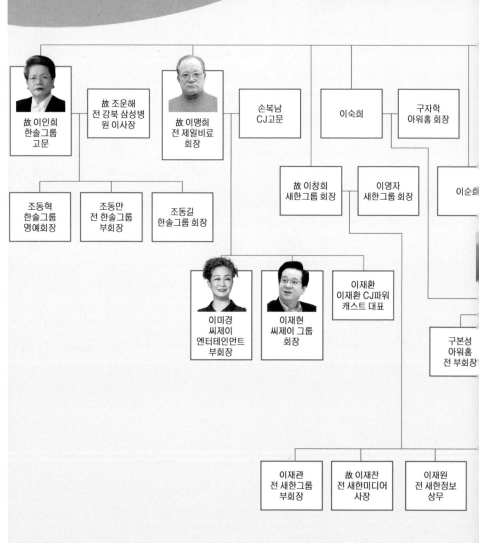

故 이인희 한솔그룹 고문	故 조운해 전 강북 삼성병원 이사장	故 이맹희 전 제일비료 회장	손복남 CJ고문	이숙희	구자학 아워홈 회장

- 조동혁 한솔그룹 명예회장
- 조동만 전 한솔그룹 부회장
- 조동길 한솔그룹 회장

- 故 이창희 새한그룹 회장
- 이영자 새한그룹 회장
- 이순희

- 이미경 씨제이 엔터테인먼트 부회장
- 이재현 씨제이 그룹 회장
- 이재환 이재환 CJ파워 캐스트 대표

- 구본성 아워홈 전 부회장

- 이재관 전 새한그룹 부회장
- 故 이재찬 전 새한미디어 사장
- 이재원 전 새한정보 상무

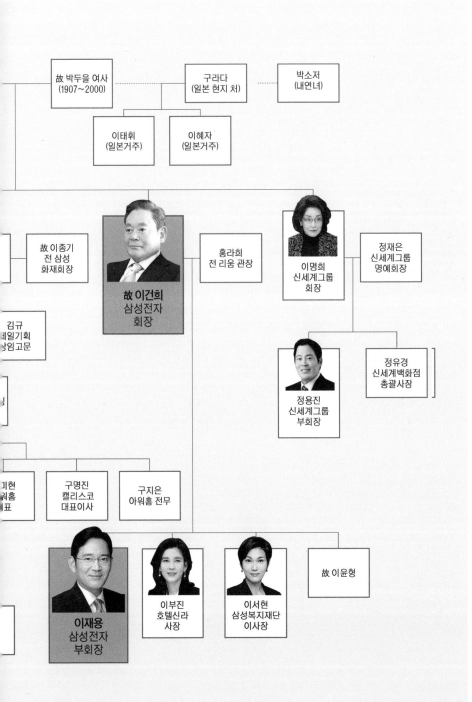

故 박두을 여사
(1907~2000)

구라다
(일본 현지 처)

박소저
(내연녀)

이태휘
(일본거주)

이혜자
(일본거주)

故 이종기
전 삼성
화재회장

홍라희
전 리움 관장

이명희
신세계그룹
회장

정재은
신세계그룹
명예회장

故 이건희
삼성전자
회장

김규
제일기획
상임고문

정용진
신세계그룹
부회장

정유경
신세계백화점
총괄사장

구명진
캘리스코
대표이사

구지은
아워홈 전무

이현
워홈
표

이재용
삼성전자
부회장

이부진
호텔신라
사장

이서현
삼성복지재단
이사장

故 이윤형

SAMSUNG SAGA

삼성상회에서
삼성바이오로직스까지

SAMSUNG SAGA

　한국 경제계의 거목 삼성그룹 창업자인 호암 이병철 회장은 배산임수의 명당인 경남 의령군 정곡면 중교리에서 1910년 2월 12일, 아버지 이찬우와 어머니 권재린의 2남 2녀 중 막내로 태어났다. 본관은 경주이씨로 16대조 계번이 입향조로서 경남 의령에 정착해 대대손손 거주지로 삼으면서 의령 진주 지역에 뿌리를 내리고 가문을 형성하며 살아온 것으로 알려진다. 조부 이홍석 대에 천석의 부를 생산하던 대농토를 보유한 지주로 가문이 성장했고 영남의 거유라는 허성재의 문하로 인근에 알려진 유림이며 시문에 능통한 집안이었다.

조부의 재산을 이어받은 부친 이찬우는 지역의 지주로 만족하지 않고 한성을 오가며 독립협회와 기독교 청년회에도 관여한 것으로 알려져 있고, 이 당시 한성에서 이승만 전임 대통령과 만나 교류했다. 이병철 회장은 어려서 조부 이홍석이 세운 서당인 문성정에서 천자문, 사서삼경, 논어 등을 깨우친 수재이며 1919년 3월 한학 수학을 인정받아 진주군 지수면이 위치한 지수공립보통학교 3학년에 편입했으며, 1920년 11살 나이에 어머님 친정인 경성의 수송공립보통학교로 전학 가서 졸업 후 중동중학교에 진학, 학업에 매진해 우수한 성적을 거두었다. 1926년 박팽년의 후손인 박기동의 4녀 박두을과 고향 의령에서 결혼해 한 가정을 이루었다. 중동중학교 4학년 무렵 일본 유학을 결심하고 옆동네에 살던 효성그룹 창업자인 조홍제를 만나 500원을 빌려서 유학 준비를 하고, 1929년에 일본 와세다 대학교 정치경제학과에 입학했다. 유학 시절에도 틈만 나면 일본 지역 소재 공장을 방문하고 일본공업의 실상을 파악한 것이 차후 그가 거대 기업 삼성그룹을 만들어 가는 과정에 큰 도움이 되었다고 한다. 하지만 불행히도 건강이 악화되어 1931년 와세다 대학을 중퇴하고 귀국한다. 후일 호암 자서전에는 이렇게 회고한 글이 남아있다.

"공부해서 무슨 벼슬을 하려고 했던 것도 아니고 단지 도쿄의 신학문이 어떤 것인지 알았으며 일본 사람들의 생각도 이해하게 되었으니 유학 생활을 더 하면 무슨 소용이 있나 회의가 들어서 포기했다."

유학에서 돌아온 이병철 회장은 건강이 회복되자마자 신공부에 영향을 받아 자기 집안의 머슴들을 해방시키고 전별금까지 주면서 자생할 수 있도록 기반을 만들어 주었다고 한다. 그 후 1936년 고향 친구인 정현용, 박정원과 동업으로 마산에 도정공장과 협동정미소를 차려서 운영했으나 중일전쟁 여파로 파산한 것으로 전해진다.

첫 번째 사업의 실패를 경험한 이병철 회장은 다시 실패하지 않겠다는 각오로 사업을 구상하다가 드디어 삼성그룹의 시발점이 된 삼성상회를 1938년 3월 부친의 도움으로 받은 3만 원의 자본금으로 대구 수동에 간판을 내걸고 사업을 시작했으며, 삼성그룹 최초 브랜드인 별표국수를 제조해 판매했으나, 후발주자로 크게 성공은 못하고 포기한다. 1941년 주식회사로 개편하고 청과류와 어물 등을 생산자로부터 공급받아 도매, 소매업과 수출 등도 하면서 중국 지역까지 확대했으며, 1942년 조선양조를 인수해 운영 중 1945년 해방을 맞아 1947년 경성(지금의 서울)으로 상경해 1948년 종로 인근에 삼성물산공사를 창설하고 무역업을 본격적으로 하게 된다. 1950년 초 일본공업시찰단 일원으로 선발되어 일본 내 제조업, 수공업 등을 시찰하고 태평양전쟁 패망 후 일본이 어떻게 다시 일어나 부흥하는지 현장을 눈으로 확인하고 돌아온다. 그 후 6·25전쟁이 발생하자 부산으로 피난

해 삼성물산(주)를 설립하고 설탕, 비료 등을 수입, 판매해 상상할 수 없을 정도의 수익을 창출하게 되어 이후 삼성그룹을 키워나가는 데 커다란 보탬이 된 것으로 알려진다.

이를 기반으로 1953년 8월 제일제당을 설립, 국산 설탕을 제조해 판매했고, 1954년 9월 15일 제일모직을 대구에 설립하고 인재를 발굴·선발해 영국, 독일, 이태리 등에 기술연수를 시켜 생산원가는 대폭 내리고 품질은 좋은 국산 양복지인 골덴텍스를 출시했다. 이를 계기로 제조업에서 크게 성공을 거두면서 사업영역을 본격적으로 확대해 나간다. 또 한편으로 1957년 한국재계 최초로 신입사원 공개채용제도를 시행해 전국 각지의 유능한 인재를 채용하는 기반을 구축해 아마도 이때부터 '인재제일'이라는 기업문화가 만들어졌다고 판단된다.

1957년 5월 부산공사와 대한제유 사주인 강의수가 설립한 동방생명 및 동양화재의 경영이 어려워지자, 1962년 인수 후 1963년 삼성그룹사로 개편했으며 1989년 삼성생명으로 사명을 변경해 삼성그룹의 주력사로 성장시켰다. 1930년 10월 24일 개업한 미쓰코시 경성점이 한국의 백화점 시초이며 그 후 동화백화점으로 사명을 변경 운영하다가 1963년 삼성그룹에서 인수하고 사명을 신세계백화점으로 변경해 경영했으며, 1922년 설립된 안국화재도 1958년 삼성에서 인수해 삼성화재보험으로 사명을 변경 운영 중이고, 1965년 1월 설립된 대한교과서 자화사인 새한제지공업(주)도 1965년 10월 삼성에서 인수해 전주제지(현재는 한솔제지로 변경)도 운영했다.

1964년 한국비료(주)를 인수 운영하던 중 1966년 사카린 밀수 사건이 발각되면서 차남인 이창희가 서울교도소에 수감되었다가 병보석으로 6개월 만에 석방되었으며, 삼성은 그해 9월 22일 한국비료를 국가에 헌납하는 불행한 사건을 겪기도 했다. 그 후 이창희는 새한미디어를 설립해 운영 중 삼성 가문 최초로 기업이 망하기도 한다. 1964년 5월 삼성은 동양라디오, 동양방송을 설립해 방송계까지 사세를 확대했으며, 1965년 중앙일보까지 창설해 언론 미디어 분야까지 초고속으로 사업을 확대해 나간다.

1969년 1월 사돈기업인 LG그룹의 적극적인 반대에도 불구하고 이병철 회장은 가정생활의 주요 제품인 전자사업에 관심을 갖고 수원시 매탄동 일대에 35만 평을 구입해 삼성전자공업(주)을 설립했고, 1969년 12월 일본 기업인 산요와 합작해 삼성산요(주)을 설립해 본격적인 흑백 티비를 생산했다. 1984년에 사명을 삼성전자(주)로 변경해 그룹 도약의 발판을 마련하고 오늘날의 세계 1위 기업인 전자업체로 성장시킨다. 1974년 삼성석유화학(주)와 삼성중공업을 설립해 제3공화국과 제4공화국 당시 수출 위주 경제성장에 맞춘 정책을 빈틈없이 시행하는 선두적 역할자로 중화학공업시대를 이끌어가는 견인차 노릇도 한다. 또한 1971년 중앙개발이 46억을 투입해 5년 만인 용인시 전대리 부근 450만 평을 매입하고 공사를 해 1976년 4월 17일 용인자연농원(현재의 에버랜드)도 개장해 한국에도 자연개장형태의 동물원과 놀이시설 테마파크를 조성해 국민들의 여가생활을 증진시키는 데 기여했다. 1973년에는 이병철 회장의 지시로 호텔사업부를 만들고 1973년 5월 9일 임페리얼(주)을 설립하고 7월 영빈관을 인수해 11월에 호텔 공사에 착수하고 1979년 3월 8일 천년 역사를 꽃피운 신라의 명칭을 도용한 신라호텔을 개관해 대한민국에서 1등의 숙박서비스 사업으로도 진출한다.

　오늘날 아파트 브랜드 1위인 삼성건설 분야의 시작은 원래 1957년 자동차회사인 신진공업(주)이 모태이며, 1979년 삼성그룹에서 인수해, 삼성건설(주)로 사명을 변경해 경영하다가 삼성물산건설 부문으로 흡수되어 현대건설을 제치고 국내 1위 회사로 성장한다. 1995년 이건희 회장의 지시로 삼성자동차(주)를 설립하고 1998년 일본 닛산자동차의 기술제휴로 SM5 중형자동차를 출시했으나, 때마침 불어온 외환위기의 충격을 견디지 못하고 대량 적자를 내다가 1999년 법정관리를 신청했고, 프랑스 르노사가 2000년 삼성자동차를 인수한 후 사명을 르노삼성(주)으로 변경해 삼성이 지분 일부를 가졌으나, 판매 부진과 누적적자로 삼성은 지분을 르노사에 매각해 2022년부터 르노삼성 상호는 역사 속으로 사라졌다.

가족력인 암으로 고생하고 결국 폐암으로 세상을 하직한 이병철 회장의 지시로 삼성의료원을 설립하고 1994년 11월 최신식의 의료시설인 삼성병원(강남구 일원동 부근 6만 평)을 그 당시 1차로 6천 억을 투입해 지상 20층 지하 4층의 최첨단 의료시설을 건립하고, 1099개 병상과 28개 진료과목, 암, 심장, 신경계특성화센터, 각종 특수클리닉, 의학연구소 등을 운영하기 위해 국내외에서 최고급의 실력을 갖춘 의료진을 스카우트해 국민들에게 최고급 의료서비스를 제공하고 있다.

인력은 의사를 포함 대략 7,600명이 근무 중으로 알려진다. 또한 삼성이 인수한 성균관대학교에 1997년 3월 의과대학을 세워서 의료진을 양성 중이며 삼성의 전폭적인 지원을 받아서 세계 50위권에 들어가는 명문 의과대학으로 키워나가고 있다. 또한 이건희 회장 특명으로 "삼성의 새로운 동력을 찾으라. 무엇을 찾아도 좋다. 어디를 가든 누구를 만나든 돈은 얼마든지 써도 상관없다. 3년 안에 제2의 삼성전자가 될 수 있는 그 무엇을 찾으라"는 지시가 내려진다. 이에 따라 김태한 전무(후에 삼성바이오로직스 대표이사)는 12명으로 사업팀을 만든다. 삼성 미래의 먹거리는 'IT와 접목한 헬스케어'라는 판단하에 삼성바이오로직스를 설립하게 된다. 국민소득이 높아짐에 따라 100세 시대에 맞는 생명 연장과 삶의 질 향상의 대세 아이템은 부가가치가 높은 신약 개발이라고 판단해 해외 인재 100여 명을 스카우트하고 대규모

자본투자와 최상 수준의 R&D(연구개발)를 병행해야 하고, 신약 개발 기간도 최소 5년 이상 걸리며, 해외 지적재산권도 피해야 가능한 사업임에도 불구하고 삼성은 인류에 공헌한다는 사명감으로 신약개발에 전력을 투구 중이다.

최근 발표된 삼성의 투자계획 240조 원을 살펴보면 바이오산업을 제2 반도체산업으로 육성한다는 의욕적인 계획으로 향후 한국 경제의 양대 축으로 키워서 포스트 코로나 시대를 맞아 이에 대한 장기적인 대비를 하고 있다. 이에 발맞추어 현재 건설 중인 삼성바이오로직스 4공장을 조기에 완공시켜 바이오의약품 분야에서 생산 능력 세계 1위 회사로 성장시킬 것으로 보이며, 이에 만족하지 않고 제5, 6공장도 추가로 건설해 코로나 백신, 세포 유전자치료제 시장에서 어느 기업도 추월할 수 없는 독보적인 위치로 올라가 삼성의 이미지를 전 세계에 확고하게 구축할 것으로 믿는다.

CAHPTER 02

40년 만에
일본을 추월하다

SAMSUNG SAGA

수많은 반대와 어려운 환경을 극복하면서 1969년 1월 13일, 삼성전자공업주식회사가 설립되었다. 1960년대 당시 한국 전자산업은 1958년에 설립된 금성사(현 LG전자)가 트랜지스터라디오를 생산, 판매하면서 역사적인 첫발을 내딛었고, 1961년 국영방송인 KBS-TV가 개국하면서 국내 TV 시장의 문이 열리게 된다.

국산 흑백 TV 1호는 19인치 진공관식 VD-19를 1966년 8월 금성사가 일본에서 100% 부품을 공급받아 조립 생산해 대리점을 통해 판매하고 국내 가정에 공급하기 시작한 게 시초다. 그 당시 일반인들이 기억하는 것은 흑백 TV를 보유한 가정이나 일반 상점은 대단한 부자였고, 유명 스포츠인 레슬링 경기를 TV로 시청하려면 일정한 돈을 지불하고 만화가게에 입장해야 했다. 인기선수인 김일 선수가 박치기로 거구의 서구 선수들을 링 바닥에 쓰러뜨릴 때마다 경기를 지켜보던 국민들은 박수를 치고 김일 선수 이름을 부르면서 환성을 지르곤 했다. 권투선수 김기수가 프로복싱에서 세계챔피언으로 등극할 때 TV 앞에서 온 동네가 떠나갈 정도로 환호성을 지르던 시대이다.

일본에서 대학교를 다녔던 이병철 회장은 1964년 일본이 동경올림픽을 성공적으로 개최하고 나서 전 일본 가정에는 TV와 냉장고, 세탁기가 공급되어 일본인들의 문화와 가정생활이 급격하게 선진화된 것을 직접 목격하고 향후 삼성의 먹거리사업은 전자산업이라고 판단해, 비밀리에 회사 내부에 전자사업팀을 꾸려서 치밀하게 전자사업을 차근차근 준비해 나갔다. 하지만 사업 준비가 노출되어 당시 사돈기업인 금성사의 구인회 회장은 물론 럭키금성그룹의 근무하는 내부자들의 극렬한 반대에 부딪치게 된다. 이병철 회장의 차녀인 이숙희가 구인회 회장의 자녀인 구자학(아워홈 회장)과 결혼해 서로 간에 긴밀한 사돈 관계로 상호 간에 각자가 동일 사업 분야에서 경쟁하는 것을 철저하게 배제하는 상황이었다. 오죽하면 이병철 회장 자녀인 이숙희도 적극적인 반대 의사를 부친인 이병철 회장에게 전달했을까. 더

구나 금성사는 물론이고 전자공업협동조합 59개 회원사는 삼성의 전자사업 진출이 과당경쟁을 일으켜서 내수산업 붕괴를 불러온다며 제품이 생산 출시되면 판매대리점들 사이에서 판매가격 문제로 주먹다짐을 할 정도로 심각한 상황이 발생할 것을 우려할 지경이었다. 하지만 원래 부드럽고 집안 간에 화합을 중시하던 구인회 회장이 장남인 구자경 사장에게 사돈기업인 삼성에서 전자사업을 반드시 하겠다고 하면 어찌 말리겠냐며 찬성으로 돌아서며 삼성은 전자사업에서 금성사와 선의의 경쟁을 하면서 오늘날 삼성전자의 기틀을 만들 수가 있었다고 전해진다.

한편 전자사업을 하고 싶던 이병철 회장은 박정희 대통령을 독대하는 자리에서 박 대통령에게 전자산업의 발전 가능성을 설명하고, 향후 전자산업이 대한민국의 중요 수출전략산업으로 성장할 것이니 국가 차원에서 밀어주고 키워 달라고 설득해 박 대통령은 산하 부처에 즉각 지시해 전자사업에 대한 허가를 받았다고 한다. 정부의 적극적인 지원으로 서울 근교 수원시 매탄동에 45만 평을 삼성에서 매입하고 그곳에 공장을 지을 수 있게 된다. 하지만 전자산업기술이 없었던 삼성은 1969년 일본 기업인 산요와 자본을 합작해 삼성산요전기를 세우고, 일본 기업의 도움을 받아 전자사업의 첫발을 내딛을 수 있었다. 1970년 삼성NEC을 설립하면서 본격적인 TV를 생산할 수 있게 된다. 그리고 자체기술로 19인치 트랜지스터 방식의 기술을 도입한 마하 506을

1975년 출시, 흑백 이코노 TV

1974년 생산하게 된다. 1974년 적자에 허덕이던 한국 반도체를 이건희 회장이 사비를 들여서 매입하고 반도체산업으로도 진출한다.

　반도체산업에 대한 적극적인 투자는 1983년 2월 8일 이병철 회장의 용단으로 앞으로의 산업은 경박단소한 반도체가 좌우하게 된다는 확신을 갖고 1983년 2월 8일 동경선언을 하면서 초고밀도직접회로인 메모리반도체칩인 VLSI에 대규모 투자를 시작하게 된다. 기흥단지에 반도체 공장을 건설하면서 개발에 박차를 가해 미국, 일본에 이어 세계 3번째로 64K DRAM을 출시하면서 본격적인 메모리반도체 세계 1위 기업으로 우뚝 설 수 있게 된다. 특히 이병철 회장은 빠른 시일 내로 일본 전자기업을 추월하는 게 목표라고 공공연하게 말했다고 한다. 그리고 2010년도 이후 드디어 삼성은 일본 전자회사를 추월할 수 있게 되었다.

2009년에는 애플이 최초로 출시한 스마트폰 시장에 대한 긴 안목으로, 전 세계인들이 1인당 1대씩 휴대가 비교적 가볍고 손에 쥐기 쉬운 스마트폰 시장이 곧 올 것으로 예측하면서, 대규모 투자를 감행하고 개발에 매진해 2년 후인 2011년 9월경 애플 스마트폰을 이기고 세계 1위의 스마트폰 회사로 성장했다. 전체 휴대폰 시장에서도 2012년 노키아폰과 애플폰을 제치고 공식적으로 세계 1위 기업으로서 인정을 받고, 10년째 1위 자리를 지키며 반도체에 이어서 제2의 먹거리사업으로 급성장한다. 성장동력에 탄력을 받은 삼성전자는 2006년 보르도 TV를 출시하면서 세계시장 점유율 1위가 되었고, 2017년 QLED TV를 선보이며 2020년 기준 779만 대로 시장점유율 31.9%를 차지했다. 특히 75인치 이상의 대형 TV는 시장점유율이 50%를 차지하는 독보적인 회사로 발돋움하게 되어 예전 전 세계 TV 시장 1위인 일본 소니가 부러워하는 회사로 탈바꿈한다.

따라서 국내 총생산액(GDP) 25%를 차지하는 초일류 기업 삼성전자의 실질적인 후계자 이재용 부회장은 작금에 발생하는 전 세계 경제, 정치, 사회 상황을 정확하게 인지하고, 주변서 보좌하고 일하는 유능한 임원진들의 고견도 잘 수용해, 미래의 먹거리사업을 찾아내고 연구개발투자로 선택된 아이템에 집중한다면 향후 100년간 전 세계 어느 기업도 넘볼 수 없는 세계 1위 전자기업으로 우뚝 설 것으로 믿는다.

삼성,
세계의 랜드마크를 짓다

SAMSUNG SAGA

삼성물산은 1977년 10월에 홍천군 향토건설업체 통일건설을 인수해 '삼성종합건설'로 사명을 바꾸고 건설사업 분야로 진출한다. 1978년 4월 주택건설사업자 면허를 취득하고 1979년 5월 신원개발을 흡수 합병해, 1980년 6월 해외종합 건설업 면허를 취득하면서 본격적인 건축사업이 뛰어든다.

1993년 7월 상호를 삼성건설로 변경하고, 1993년 말레이시아 쿠알라룸푸르에 건축된 KLCC 91층(높이 452m) 2번 타워(2003년까지 세계 1위 건물 유지) 빌딩공사를 수주하면서, 특히 이 타워는 1번 타워 수주사인 일본 하지마건설과 선의의 경쟁 끝에 삼성이 일본보다 10일 먼저 공사를 완료해 전 세계에 삼성의 기술력을 알리게 되는 계기가 된다. 또한 두 건물을 이어주는 스카이브리지(Sky Bridge)도 성공적으로 완공했고 그 당시 미국 CNN방송에서 이 타워의 스카이브리지 연결행사를 생중계하며 전 세계의 주목을 받는다.

1995년 12월 주주들의 만장일치로 삼성그룹 모기업이자 지배회사인 삼성물산(이재용 부회장 지분 17.48% 주식 보유)으로 흡수합병되면서 이때부터 삼성건설은 삼성물산 건설부문으로 명칭을 바꾸고 건축, 플랜트, 토목, 주택사업을 본격적으로 추진하면서 대형 건설사로 거듭난다. 말레이시아 KLCC 91층 수주로 건설사 이름을 알린 삼성은 중국의 건축설계 전문회사인 리쭈위엔 건축사무소가 설계한 타이페이 101층 세계금융센터(World Financial Center) 높이 509m 건축공사를 수주하고 1999년부터 공사를 시작해 2004년 완공시킨다. 이에 탄력을 받은 삼성은 그 유명한 세계에서 2020년까지 제일 높은 건물인 두바이 소재 최고층 마천루 '부르즈 할리파 162층(연면적 50만 제곱미터로 국내 코엑스몰의 4배, 잠실종합운동장의 56배이며, 초속 55m 바람과 규모 7의 지진도 견딜 수 있게 설계됨) 828m 높이'를 수주(12억 달러)한다. 처음에는 베식스, 아랍텍과 같이 지어 갔으나, 500m부터는 단독으로 건설한다. 그 이유는 3일에 1층씩 올리는 초고속 공사 기술에 성공했기 때문이었다.

두바이 부르즈 할리파

이 건물이 유명한 것은 중동 지역 특유의 사막 꽃을 형상화한 외관에 이슬람 건축 양식을 접목해 하늘로 솟구친 나선형 모양의 건물이기 때문이다. 2004년 9월 21일 착공해서 2009년 10월 1일 완공했고 마무리 점검이 완벽하게 끝난 2010년 1월 4일 일반에 공개 개관한다. 그 당시 건축기술로 삼성은 세계 3대 마천루 건물을 건축한 최초 회사로 기록되기도 한다. 원래 명칭은 '부르즈 두바이'였으나, UAE 대통령이자 아부다비 통치자인 할리파 자이드 알나하얀(Kkalifa Bin Zayed al Nahayan)의 이름을 모방한 '부르즈 할리파'로 개명한다. 이곳은 1-39층은 호텔, 40-108층은 고급아파트, 109층 이상은 사무실로 설계되었고, 특히 123층과 124층은 두바이 시내를 한눈에 바라보는 전망대를 설치해 전 세계 관광객들이 필수적으로 한번은 둘러보는 관광명소가 되었다. 삼성물산의 건축기술은 향후 삼성중공업 등 그룹 계열사 플랜트 기술과 제일모직의 리조트건설 기술을 흡수해 더욱 발전을 거듭할 것으로 예상된다.

삼성은 또한 인천시와 영종도를 이어주는 세계 10대 사장교인 인천대교(경간 800m)도 수주하면서 국내 토목 분야에서도 삼성이 기술 제일임을 알렸고, 세계 최첨단 설계의 인천공항공사도 수주하게 된다. 이어서 싱가포르, 홍콩 지하철부터 사우디아라비아의 메트로에 이르기까지 세계 방방곡곡에서 랜드마크 프로젝트를 수주해 시공 중이다. 플랜트 분야 건설도 설계, 엔지니어링 역량을 기반으로 세계 최대인 사우디아라비아 쿠라이 (Qurayyh)복합화력발전, 싱가포르 LNG터미널, UAE원전 등 대규모 공사를 연속으로 수주 시행함으로써 글로벌 수준의 기술을 입증했다.

삼성물산 건설부문 해외 지사는 일본 동경, 중국 서안, 상하이, 몽고 울란바토르, 홍콩, 필리핀 칼림바, 베트남 하노이, 말레이시아 쿠알라룸푸르, 싱가포르, 인도네시아 자카르타, 호주 시드니, 인도 구르가온, 카자흐스탄 알마티, UAE 두바이, 아부다비, 쿠웨이트 도하, 사우디아라비아 리야드, 이집트 카이로, 모로코 엘자디타, 터키 이스탄불, 영국 더럼, 러시아 모스크바 등에 운영하면서 해외 건축 분야 수주를 위해 전력을 다하고 있다.

국내 삼성물산 자회사로는 주식회사서울레이크사이드(골프장 운영업), 주식회사삼우건축종합사무소(건축설계 용역업), 주식회사씨브이네트(인터넷 정보제공서비스), 삼성바이오로직주식회사, 제일패션리테일주식회사(의류판매업), 네추럴나인주식회사(의류판매업), 주식회사삼성웰스토리(단체급식, 식자재 공급업) 등이 있다.

국내 건축사업으로 돌아보면 삼성은 도곡동 소재 공군사관학교 부지를 매입해 1996년부터 2002년까지 지상 102층 396m의 초고층 건물을 설계했다. 상업, 업무, 쇼핑, 거주는 물론 삼성그룹 전 계열사들이 한 장소에 모여서 근무하는 삼성타운(삼성시너지타워라고도 함) 공사를 시작하려다가 해당 지역 거주 아파트 주민들의 강력한 반발과 1997년에 갑자기 불어온 IMF 외환위기 등으로 사실상 신사옥 건설은 무산되었으나 1998년 어느 정도 그룹경영 상황이 호전되자 삼성그룹은 이곳에 대한민국 최초의 지상 93층 323m의 초고층 아파트를 지어 최고급 아파트를 국민에게 분양할 계획이었다. 이 계획에 따라 42층부터 93층까지 7개의 다양한 건물을 건축키로 하고 서울시 허가를 기다렸으나, 막상 서울시는 93층 아파트를 건축하는 것에 대해 부정적으로 생각했는지, 우선 1차로 1999년 42층에서 65층짜리, A(59층), B(65층), C(59층), D(42층) 4개 동을 허가한다. 이후 2000년 55층짜리 E, F동이 착공되었고, 남은 G동은 초고층으로 허가를 기다렸으나 결국 통과가 안 되어 서울시와 합의해 지상 69층 규모로 건축키로 했고 2001년 착공해 2004년 완공하면서 강남 최고의 부자들이 모여 사는 주상복합아파트(일명 타워팰리스)로 거듭나게 된다. 수영장은 물론 골프연습장까지 스포츠 시설이 마련되어 있고, 쇼핑 후 바로 지하철 통로와 연결되어서 강남의 부유층들이 모여 사는 당시 최고가의 아파트로 삼성동 아이파크와 더불어 꿈의 보금자리로 알려진다. 이 아파트는 국내 잠실 롯데타워(555m), Q1타워(323m), 부산 해운대 위브더제니스타워(301m), 해운대 아이파크타워(292m), 유레카타워(298m), 21세기타워(267m)에 이어 세계에서 7번째로 높은 초고층 아파트로 기록된다. 또한 삼성은 아파트 브랜드를 과거 아파트 명칭으로 주로 사용된 진달래, 개나리 등의 촌스러운 단지명을 과감하게 변경하고 삼성아파트 대신 '래미안'으로 변경한다.

이는 아파트 건축업계 최초로 아파트 브랜드(BI) 선포식을 열고 본격적인 아파트 브랜드 시대를 열어간다. 2,500여 개의 외국어를 밀어내고 당선된 것이 '미래지향적(래)이고, 아름답고(미), 안전한 아파트(안)'라는 뜻의 래미안(來美安)으로 정한다. 최초 사용은 수원시 장안구 천천동에 분양한 수원천천(율전 2차 래미안)래미안 아파트부터 시작된다. 공급면적 86제곱미터, 114제곱미터 중형아파트 876가구로 구성된 이 아파트는 삼성아파트라는 이름 대신 래미안이라는 브랜드를 등에 업고 2002년 4월 입주한다. 이후 경쟁사인 현대는 아이파크 또는 힐스테이트로, 대림은 e-편한세상, 엘지는 자이, 대우는 푸르지오, 롯데는 캐슬, 쌍용은 예가로 브랜드를 변경하고 경쟁하게 된 동기가 된다.

2014년 만년 2위 건설회사에서 1위 회사로 등극한 삼성물산 건설부문은 2021년 현재까지 수주 금액 기준 토목건축합계 22조 5,640억 원으로 경쟁사 현대건설 수주액 11조 3,770억 원의 2배로 더욱더 격차를 벌리면서 한 번도 1위를 빼앗기지 않고 고수해 나가고 있다.

2021년 1분기 매출은 7조 4,927억으로 영업이익은 2,300억으로 나온다. 이는 전년 대비 이익만 50% 이상 향상된 금액으로

래미안 어반비스타, 래미안 리더스원

무엇보다 삼성전자 반도체 평택 3기 공장, 대만 타오유안 국제공항 3터미널 토목공사 수주, 1조 8000억 규모의 카타르 LNG 탱크 수주 등의 대형 프로젝트가 원인으로 판단된다. 더구나 삼성은 아파트 층간소음으로 아래위 층 거주 주민 간의 살인까지 발생하는 심각성을 시인하고 용인시 기흥구에 100억을 투자해 층간소음 연구만을 위한 '층간소음연구소'를 건립해서 층간소음의 원인과 현황분석에서부터 재료와 구조, 신공법에 이르기까지 층간소음을 획기적으로 줄이기 위한 다양한 신기술 개발과 해결책 확보 등을 종합적으로 연구해 나가며 층간소음 문제 해결에도 앞장서고 있다.

최근 전 세계에 관심이 커진 ESG(환경, 사회, 지배구조: Environment Social Governance) 분야도 삼성은 ESG위원회를 신설해 지구촌 환경 지킴이로 나서게 된다. 탈석탄을 선언해 공해추방에 앞장섰으며, 기업의 사회적 책임을 강조하고 기존 거버넌스 위원회를 ESG위원회로 확대 개편시킨다. 이사회의장은 ESG위원장을 겸임하고 등기사외이사 전원을 위원으로 위촉하며 적극적으로 경영에 반영한다. 최근 수주한 베트남 봉양2 석탄 화력발전소는 국제 기준보다 훨씬 더 엄격한 환경 기준을 적용해 시공할 계획으로 알려지면서 친환경 건설회사로 거듭나 이건희 회장이 선언한 경영방침을 따라서 획기적인 변화를 줄 것으로 필자는 판단한다.

끝으로 한번 1등을 하면 절대로 2위로 밀려나지 않는다는 것이 삼성의 경영 정신이다. 이는 이재용 부회장 오너시대를 맞이한 최근 1년간에도 변함없이 이어지고 있다. 코로나 발생으로 어려워진 국내 고용시장 속에서도 삼성은 신규직원 채용을 확대하고, 국내경제 침체에도 불구하고 과감한 선투자로 경쟁사들을 멀찌감치 따돌리면서 향후 100년간 삼성은 최대강자 기업으로 변화해 나갈 것으로 본다.

끝나지 않은
조미료 전쟁

SAMSUNG SAGA

대한민국의 조상들은 의식주 해결을 최우선으로 여기며 살아왔다. 예부터 음식에 있어서는 감칠맛을 내기 위해 전통적으로 간장, 된장, 고추장 등을 활용해 왔으며, 서민들은 주로 맹물에 멸치나 미역 등을 넣어서 우러나온 국물을 이용했고, 부유층은 사골이나 우족 등을 10여 시간 이상 끓여서 나온 국물을 사용해 입맛을 돋우었다.

조미료의 어원은 조리, 가공, 섭취 시 맛을 개량하고 강화하는 목적으로 사용되는 물질로, 본래의 넓은 의미로는 장류나 소금 등이 포함되지만 일반적으로 '미원'이나 '다시다'라는 상품명처럼 화학조미료로 인식되어왔다. 조미료는 발효공학이 식품 분야에서 성공한 신기원의 상징이기도 하다. 초기에는 산 가수 분해나 RNA 분해법 등 화학적 방법으로 조미료를 얻었기 때문에 '화학조미료'라는 이름이 붙었지만, 현재는 미생물을 이용한 직접 발효공학으로 제조하고 있으므로 '발효조미료'로 보는 것이 더 정확하다. 조미료라는 단어를 한국식으로 풀어보면 '음식의 맛을 알맞게 맞추는 데에 쓰이는 재료'로 해석될 수가 있지만 좀 더 친숙한 표현으로는 '양념'이라고 볼 수도 있으며 영어식으로는 시즈닝(seasoning)이라 표현한다. 따라서 조미료는 '소금과 설탕'을 예로 들을 수도 있으며, 향신료(spice)로 보면 고추, 후추, 마늘, 파 등도 맛을 내는 조미료로 확대 해석이 가능하다.

특히 조미료 관련 발효공학은 80년대 들어서 유전공학기술의 발달로 조미료 발효에 필요한 미생물을 유전자 재조합이나 세포 융합 등을 통해 개발하고 발효 및 회수 정제에 대한 각종 연구까지 활성화되었다. 이렇게 급성장한 조미료공학은 높은 부가가치 창출은 물론, 미원이라는 조미료는 동남아시아 시장으로 확대되어 동남아인들의 입맛까지 점령한다.

원래 세계 최초의 화학조미료 역사는 20세기 초반 일본에서 시작되었고, 1909년 일본의 화학자인 이케다 키쿠나에가 감칠맛(인간이 혀로 감지할 수 있는 단맛, 신맛, 짠맛, 매운맛, 쓴맛 외에 제6의 미각)을 뜻하는 '우아미'라는 학술용어를 신규로 만들어내며

이에 대한 증거로 MSG(Monosodium Glutamate)를 화학적으로 합성시키는 데 성공하면서 시작된다. 일제 치하 36년간 일본은 조미료 '아지노모토'를 한국에 들여다 판매하며 한국인들의 대표적인 서민 음식인 냉면을 집중 공략했고 비싼 소고기 육수를 내지 않아도 감칠맛을 내는 아지노모토가 한국인들의 식성을 단숨에 사로잡는다. 1945년 해방된 한국인들은 일본 제품의 수입이 금지되자 밀수하면서 '쌀보다 비싼' 아지노모토를 구하는 데 혈안이 되다시피 한다.

이를 일찍 파악한 대상그룹의 창업자인 임대홍 회장은 당시 공무원을 사직하고, 잠시 피혁사업으로 자금을 모은 후 국산 조미료를 개발해 '입맛 독립을 이루자'는 의지를 갖고 혈혈단신으로 1955년 조미료 제조기술을 배우기 위해 오사카 지역의 아지노모토 조미료 공장에 취업한다. 어깨너머로 배운 제조공정기술과

미풍, 1963년 출시

퇴직기술자 집으로 직접 찾아다니며 1급 비밀인 제조기술에 대한 조언을 듣고 1년 후에 돌아온 임대홍 회장은 국내에서 국산 조미료 개발에 수천 번의 시행착오와 실패를 겪었으나 한번 실험실에 들어가면 100일이 넘도록 실험실에서 살다시피 하면서 그야말로 피와 땀의 사투와 불철주야 노력 끝에 1956년 1월 부산 동대신동에 150평 규모의 조미료 공장과 동아화성공업주식회사를 창업하고 순수 국내자본과 우리 독자기술로 만든 최초 국산 화학조미료 '미원'을 개발·시판한다.

조미료 시판은 대성공을 거두었고 미원을 사러 전국 각지에서 사람들이 몰려와 미원 공장 앞에 장사진을 치고 줄을 서서 기다렸다가 공장 출고 즉시 가져갈 정도로 불티나게 판매되었다. 당시 '1가구 1미원'이라는 신종단어까지 나올 정도였다.

이후 임대홍 회장이 '석부(돌로 만든 초기 제조설비)'를 개발하면서 월 출하량은 5톤에서 150톤으로 늘었고, 가격합리화에도 성공해서 가정주부 사이에 '맛의 비밀'로 통하며 날개 돋친 듯 판매되었다. 모든 가정집이 미원 하나씩은 다 보유하게 되면서 미원은 조미료의 대명사가 되었다. 1968년에는 당대 최고 인기배우인 김지미와 광고전속모델 계약을 체결했다.

이런 미원의 광풍을 인지한 삼성의 창업자 이병철 회장은 1953년 8월 부산 부전동에 제일제당(현재는 CJ로 변경 독립함)을 설립해 그해 11월 5일 국내 최초로 설탕을 생산하고 1958년에는 밀가루를, 1963년에는 미원의 대항마로 '미풍'을 출시하면서 미원과의 한판 승부에 들어간다. '미풍'은 아지노모토와 기술제휴를 정식으로 체결하고 미원보다 큰 규모의 자동화공장을 가동시키며, TV 광고는 물론 신문광고에 저가 전략까지 구사하며 시장공략에 나서게 된다. 미원과 미풍의 품질 차이도 거의 없었기에 중소기업 미원은 대기업 삼성과의 판매 전쟁에서 기업생존의 최대 위기였음이 자명했지만, 미원은 가정주부나 평온한 가족의 이미지를 광고에 담아 이를 본 소비자 주부들은 미풍은 '제품', 미원은 '생필품'으로 인식하게 되었다. 이 경영위기를 이미 일제 강점기부터 입맛을 사로잡은 가족들의 식탁을 책임지는 가정주부들(아지노모토 광팬)의 친숙한 도움으로 잘 극복해 나간다.

이러한 시장 열세를 극복하기 위해 삼성은 대대적인 광고를 통해 마케팅 전략을 시행했고, 때맞춰 1972년 설탕 품귀 현상이 발생하자, 자사 생산품인 제일제당 설탕 10kg를 구매하면 미풍 1kg를 무상으로 제공하는 판촉전을 펼쳤다. 이에 미원은 소비자 가격을 인하해주는 전략으로 맞대응을 하게 된다. 이 같은 삼성의 1차 판촉전도 제대로 먹히지 않자 제일제당은 미풍을 구매한 소비자에게 조미료 가격보다 훨씬 비싼 겨울용 털스웨터 1개를 무상으로 제공한다는 판촉전략을 들고나온다. 미원의 임 회장은 이에 뒤질세라 "이 같은 판촉을 하면 회사가 얼마 안 가서 문을 닫을 수도 있다"는 임직원들의 적극적인 반대의견을 뒤로하고 미원 5개 구매 후 봉투를 잘라서 미원 본사로 보내면 가계경제에 도움이 되는 순금반지 한 돈을 주는 통 큰 전략으로 맞불을 놓는다. 1976년 10월 22일자 조선일보에서는 미원의 광고를 "유머가 있고 소비자들에게 돌아올 이익을 약속하고 있다"면서 "강압과 강요를 찾아볼 수 없는 행동을 유도하는 광고"라고 좋은 평가를 하는데 이런 판촉 행사는 미원이 제품 자체에 대한 어필보다 소비자의 마음을 움직여 미풍을 이기는 데 결정적인 도움이 되었다고 평가한다.

당시 미원과 미풍의 사은품 경쟁의 뜻밖의 수혜자는 우체국이었고, 이유는 소비자들의 경품 응모 엽서가 폭주하면서 우체국이 어부지리로 돈을 벌었다는 후속담도 전해진다. 그리고 풍부한 자금을 내세운 제일제당 미풍의 영업사원들이 무채칼, 고무장갑을 사은품으로 내놓으면 미원도 뒤질세라 비치볼, 미원병을 선물로 증정하는 판촉전이 일어났다. 이 같은 적자 판촉전은 제 살을 깎아 먹는다는 국민들의 청원으로 정부의 주관부처가 중재에 나서 막을 내리게 되는데, 결론은 양사 간에 법적인 소송도 발생했으나 미원의 일방적인 승리였다.

여담으로 당시 미풍은 브랜드 파워, 반일감정 등 여러 요소에서 어려움이 있었고, 광고업계에서는 '미풍'이라는 이름도 하나의 실착으로 보는 견해가 있었다. 왜냐하면 당시 사회는 한자를 주로 사용하던 시절이었고, 조미료 이름에 '미(味)'는 필연적으로 넣어야 했다. 하지만 이를 '미원'이 선점하고 있었던 바람에 경쟁 제품 대부분을 짝퉁으로 여기는 상황이었고, 일각에서는 미원의 발음이 미풍보다 쉽고 자연스러워서 소비자 주부들에게 친숙하게 접근할 수 있었다는 의견도 나왔다.

이후 미원과 미풍은 무려 20년간 고소 고발로 이어진 어두운 역사가 있었고, 미원의 인기가 높아지면서 시중에 "미세한 백색분말에서 신비한 맛을 내는 것을 보니 뱀가루 같다"는 악소문이 났다. "뱀가루가 대만산 독사라고 하더라"는 소문이 나자 이를 심각하게 판단한 미원은 신문과 잡지광고를 통해 "미원의 주원료는 소맥분 및 당밀입니다"라는 광고로 해명했다. 이것만으로 불충분하다고 판단한 미원은 전국 여학생(졸업반)에게 '오늘의 가사상식(家事常識)'이라는 제목의 팸플릿과 제품 샘플을 발송해서 이러한 루머를 잠재우고 여학생들을 미래 고객화하는 데도 성공하면서 유해 논란에 종지부를 찍는다. 결국 소비자들에게 깊이 각인된 '조미료는 미원'이라는 이미지를 미풍은 이길 수가 없었다.

이렇듯 1세대 발효조미료 시대를 마감하고 2세대는 종합조미료로서 MSG 함량을 10~20%로 줄이고 쇠고기, 파, 마늘, 양파 등을 혼합시킨 제품으로 다시다(CJ제일제당) 와 맛나, 감치미, 진국다시(대상) 등이 나온다. 3세대는 자연조미료는 MSG와 인공합성물을 배제한 조미료로 대표적인 제품은 산들애(CJ제일제당)와 맛선생(대상)이다. 4세대는 액상 발효조미료로서 인공합성물은 물론 첨가물도 일절 넣지 않고 발효된 콩, 홍게, 바지락, 북어 등으로 만들어진 조미료로 대표 제품은 연두(샘표식품), 한수(대상), 다시다요리수(CJ제일제당), 요리가 맛있는 이유(신송식품) 등으로 구분된다.

삼성의 창업자인 이병철 회장은 "돈으로 할 수 없는 게 3가지가 있는데 첫째가 자식농사(자식을 서울대에 보내지 못한 것), 둘째는 골프(공이 자신의 의도대로 잘 안 들어가는 것)이고, 셋째가 살아생전에 미풍이 미원을 이기지 못한 것"이라는 유명한 말을 남겼다. 끝으로 삼성에서 분가한 장손 기업 국내 식품 1위 기업 CJ는 2019년 매출 기준으로 보면 12조 7,668억 원으로 일본의 아지노모토 매출 12조 6,400억 원을 근소한 차이로 이기고, 세계 조미료 시장 1위에 올라선 것으로 위안을 삼는다.

세계 제일의
최첨단 병원을 세우다

SAMSUNG SAGA

삼성가는 설립자인 호암 이병철 회장대부터 암이 가족력이다. 이병철 회장은 1976년 위암을 발견하고 당시 의료기술이 한국 보다 한 수 위인 일본의 게이오 의과대학에서 위암 제거 수술을 받고 귀국한다. 그 후 이병철 회장은 소식 위주의 식생활을 하고 건강에 유의하면서 삼성 경영에 전념하지만 안타깝게도 10년이 되기 전에 평소 애연가인 이 회장은 폐암을 선고받았다. 투병 중 "병을 완치시키는 의사가 나오면 돈은 얼마든지 지불하겠다"고 했지만 1987년 11월 19일 77세의 비교적 이른 나이에 별세한 다. 후계자인 이건희 회장도 선친보다 이른 57세에 암 진단을 받았는데 병명은 폐암의 일종인 림프절암이었다.

　이건희 회장은 선친과 마찬가지로 세계 최대 암 연구센터인 미국 텍사스 M.D 앤더슨 암센터에서 수술을 받았다. 수술 결과는 성공적이었다. 건강을 회복한 이건희 회장은 폐 질환이 재발할 것을 염려해 폐 질환 예방에 특별하게 신경을 쓰면서 경영 활동을 이어 나갔고 가능한 한 매년 겨울이 되면 기후가 온화하고 따뜻한 하와이 등지로 휴양을 갔다가 봄에 귀국했다. 공교롭게도 이건희 회장의 사촌인 이동희 제일의료재단 이사장 역시 1996년 5월 28일 폐암으로 별세했다. 이동희 이사장의 부친은 이병철 회장의 형인 이병각 삼강유지 사장도 이른 나이인 67세에 갑자기 돌연사했다. 이건희 회장의 형인 이맹희 CJ 회장도 폐암으로 투병하다가 84세의 나이에 중국에서 별세했다. 이건희 회장의 둘째 형 이창희 새한미디어 회장도 당시 첨단사업인 카세트 오디오테이프 분야로 진출해 경영에 뛰어난 실적을 내었으나 혈액암으로 아깝게 타계한다.

　삼성가의 또 다른 가족병은 샤르코-마리-투스병(CMT, Charcot Marie Tooth)으로 이 병을 발견한 프랑스인 의사 사르코와 마리, 영국인 의사 투스의 이름을 딴 병명으로 삼성가의 장손인 이재현 회장이 이 병으로 투병 중이다. 이 병은 일종의 유전병으로 뇌에서 척추를 통해 근육으로 이어지는 말초신경의 장애로 인해 발생하는 질환으로 생명에는 지장이 없지만, 팔다리 근육약화로

강북삼성병원

보행이 어려운 병이다. 삼성가의 가족병력 때문인지 이병철 회장과 이건희 회장 모두 의료사업(병원)에 대한 관심도가 높았던 것으로 필자는 파악한다.

이건희 회장은 이병철 회장이 선호하던 이름을 본 따 범삼성가에서 설립한 제일병원(1963년 설립)과 고려병원(이병철 회장이 1966년 설립)이 경영난을 겪자 고려병원을 강북삼성병원으로 변경하고 그 당시 매매 가격보다 더 후하게 쳐주고 인수하려 했다. 그룹 임원들의 극심한 반대에도 "부친이 세운 고려병원은 반드시 삼성에서 다시 가져와야 할 곳"이라고 강조하면서 삼성이 세운 병원이 이류나 삼류병원으로 탈변하는 건 자존심에 상처가 되므로 인수 가격을 과감하게 더 인상해 주고, 투자를 확대해 나갔다. 이후 대학병원 수준에 걸맞는 의료시설과 시스템을 갖춘 진료부 시스템으로 개선하고 건강검진센터, 당뇨혈관센터, 유방갑상선 암센터, 소화기암센터로 대표되는 4개의 특성화 센터로 나누어 운영하고 있다.

제일병원도 1996년 인수해 '제일삼성병원'으로 바꾸었으나, 2006년 삼성에서 재차 별도로 분가를 하게 된다. 또한 삼성이 인수한 성균관대학교의 의과대학 부속병원인 삼성창원병원은 경상남도 최초로 심장수술과 불임환자 체외수정, 신장이식 수술에 성공하고 심장센터와 불임센터을 운영 중으로 삼성제일병원과 연계해서 불임클리닉을 운영하고 있어 임신이 어려운 여성들에게 큰 희망이 되고 있다.

하지만 이건희 회장은 위에 언급한 병원으로는 의술치료가 잘 안 될 것이라 판단하고 강남 요지인 일원동의 땅을 매입해 세계 최고의 의과대학교이자 병원인 미국 존스홉킨스병원을 벤치마 킹하고자 했다. 전문가로 구성된 인원들이 1년 이상 미국 존스 홉킨스병원 인근에 상주하면서 당시 병원 운영에 대한 보고서를 이건희 회장에게 직접 올린 것으로 유명하다. 더 나아가 존스홉 킨스병원과 협력 계약도 체결하며 명실상부한 최첨단의 의료체 계를 차근차근 준비해 나갔다. 철저한 연구 및 절차를 거쳐서 이 건희 회장이 요구하던 대로 건립된 의료법인인 삼성의료원은 드 디어 1994년 11월 9일에 개원하게 된다. 건립 이념은 최선의 진 료로 국민에 봉사하고 첨단의학 연구로 의학발전에 기여하며, 우수 의료인력 양성으로 국민 보건향상에 이바지하는 것이다. 이를 위해 중견 의료진, 해외첨단의학연수, 진료예약제 시행, 보 호자 없는 병원과 촌지 없는 병원 실현 등 철저하게 환자 중심의 의료서비스를 구현하는 데 중점을 두고 있다. 1994년 병원장이 삼성의료원 설립에 즈음해 쓴 글은 다음과 같다.

'건강한 사회와 복지국가 실현을 위해 이웃과 함께 하는 따뜻 한 병원으로서 사명을 다하고자 일원동에 삼성의료원을 설립합 니다. 병들어 고통받는 많은 사람들이 이곳에서 건강한 마음과 몸으로 기쁨을 찾을 때 삼성은 국민 기업으로서의 역할을 다하게 될 것입니다. 또한 우리는 이곳이 단순한 병원이라기보다 의학발전과 의학교육의 도장으로 널리 유익하게 활용되길 바라면서 세계 초일류 의료기관으로 도약하길 바랍니다.'

대지면적 총 153,747제곱미터(약 46,508평), 연면적은 335,138 제곱미터(약 101,379평) 규모이며, 본관은 지하 5층, 지상 20층이고, 지상 8층, 지하 4층의 별관 및 부속건물도 있고, 40여 개의 진료과, 8개의 특성화센터, 100여 개의 특수 클리닉 센터로 구성되어 있고, 별관 동에 생명과학의 산업화를 위해 설립된 삼성생명과학연구소도 있으며, 현재 1979개의 병상을 가동 중으로, 1,400여 명의 의사와 2,600여 명의 간호사 포함 8,000명이 근무 중이다. 특히 2008년 1월 개원한 삼성서울병원 암병원은 지상 11층, 지하 8층, 연면적 11만 제곱미터로 단일 기준으로는 아시아 최대 규모로 주목을 받고 있다. 병원을 둘러싼 숲과 조화를 이루는 데 주안점을 두고, 건물 전면부는 블루 그린 글라스를 채택해 실내와 실외의 경계를 허물고 곡선 형태로 디자인해 부드러운 아름다움을 강조했다.

삼성암병원이 이런 디자인을 채택한 이유가 있는데 바로 암환자 때문이다. 암을 치료하기 위한 험난한 여정에 딱딱한 병원 이미지 대신 자연과 어우러지는 편안한 환경을 제공한다는 의미가 실려 있다. 즉 환자들이 병원과 의료진들을 믿고 치료에만 전념했으면 하는 바람에서 처음부터 끝까지 모든 환자를 최우선으로 병원을 설계한 것이다. 병원이 지향하는 철학이 단순하면서도 매우 강력하다 보니 설립 이후 10여 년 환자를 중심으로 모든 환경을 바꾸었으며, 연간 외래환자는 50만 명 정도이고, 외래환자 중 신규 암환자는 23,000명 정도로 대한민국 암환자 수가 21만 명인 것을 감안하면 10명 중 1명이 삼성암병원을 찾고 있다는 뜻이다. 2017년 기준 암병원 외래환자 534,548명, 입원환자 26만 5720명, 수술 1만 6089건으로 상당수 암환자가 삼성병원을 찾게 된다. 이는 삼성 특유의 병원 문화로 환자를 최우선으로 병원 시스템을 정비하고 인프라를 보유코자 대형 투자를 지속했고, 새로운 첨단의학 도입을 적극적으로 시행한 결과이다. 다학적 진료로 삼성암병원은 2013년 암센터를 암병원으로 격상시키고, 하나의 암을 두고 여러 진료과가 머리를 맞대고 최적의 치료 방안을 찾아 더 나은 치료 결과를 도출하자는 의미로 대한민국에 현대의학이 자리를 잡은 뒤로 줄곧 고목처럼 단단히 서 있던 진료 문화가 의사 중심에서 환자 중심으로 바꾸는 상황으로 변하게 된다.

현재 삼성암병원에는 17개의 전문 센터를 운영 중이고, 이 가운데 대면다학제 진료는 간암, 유방암, 췌장암 등을 포함해 12개 암종을 대상으로 치료 중으로 한 해 평균 400여 명이 대면다학제 진료를 이용 중이다. 암환자의 치료 흐름에 따라 환자와 가족의 정신건강을 챙길 뿐만 아니라 통증이나 재활까지 함께 치료

할 수 있도록 체계를 갖추고, 치료 후 재발이나 다른 질환을 예방하기 위한 진료가 뒤따르며 암을 완치하는 데 필요한 교육도 정기적으로 제공하고 있다. 특히 암교육센터는 2008년 개원과 함께 국내 최초로 운영 중으로 환자가 암을 바로 마주하고 극복하도록 각종의 책자 및 동영상 등 교육자료의 개발과 보급을 해타 병원의 부러움을 받는다. 이는 삼성이 국내 최고의 암 치료 병원으로서 환자를 최우선으로 병원의 시설과 인력, 시스템 개선에 투자한 덕분으로 판단된다. 결과적으로 건강보험 심사평가원이 공개한 병원 평가 결과에서 췌장암, 식도암, 위암, 간암, 대장암, 유방암, 폐암 등 각종 암종에서 삼성병원은 1등급을 받았다. 각종 암종별로 5년 상대 생존율을 분석해 보면 삼성암병원은 국내는 물론 의료 최선진국 미국보다 수준이 한 단계 더 높게 나온다. 한국인들에게 흔한 위암의 경우 상대적인 생존율이 86.4%로 미국 30.4%보다 2배 반 이상 높다.

사실 삼성서울병원이 지어진 땅은 삼성생명에서 1985년에 매입한 땅으로 삼성생명이 1994년 6천여 억을 들여 본관을 건립했고 이후 삼성서울병원은 삼성생명에 매년 수백억 원대의 임차료를 지급했으며, 2020년 기준으로 지금까지 지급한 임차료 총액은 건축비용인 6천억 원에 이르고 있다. 설립목적은 생명존중의 정신으로 최상의 진료를 통한 국민봉사, 첨단의학 연구소를 통한 의학발전, 우수 의료인력 양성을 통한 국민보건 향상이고

3개 병원인 서울 강남(삼성서울병원), 서울 종로(강북삼성병원), 경남 창원시 마산회원구 성균관대학교 삼성창원병원과 1개 대학(성균관대학교 의과대학), 1개의 연구소(2011)로 구성된다.

삼성은 암병원과 함께 심장혈관센터, 뇌신경센터, 장기이식센터를 집중육성하는 1+3 육성 전략도 추구한다. 이런 정책으로 1. 환자 중심 진료 프로세시 대폭 혁신 2. 유전체 기반 개인별 맞춤 치료 확대 3. 최소 침습 치료강화 4. 차세대 양성자 치료기 조기 도입 가동으로 진료개선 5. 통합치유센터 설립 등 5대 핵심 전략을 통해 환자의 행복과 글로벌 경쟁력을 확보하는 것으로 필자는 판단한다.

최근 조사된 2021년 전공의 병원 평가로 교육부문 종합순위 1위, 소속 수련기관의 교육 및 수련에 만족도 1위, 교육 및 진료에 필요한 인프라 제공 1위, 입원환자에게 술기 시행 시 전문의의 적절한 지도 및 감독 부문 1위, 전공의 수련을 위한 지식 및 술기를 배우려 할 때 충분한 기회를 제공하는가에 대해 1위, 전공의 수련 기간 동안 습득하는 해당 전공과의 세부 내용 만족도 1위, 전공의 수련을 마치고 전문의로서 충분한 역량 키울 수 있을 것이라 생각하는 부문 1위로 삼성병원이 표기되면서 국내 역사를 자랑하는 유명 의과대학 부속병원보다 삼성병원에서 매년 인턴&레지던트 과정을 지원하는 의사가 폭주하고 있어 미래의 의료인력 양성에서도 두각을 나타내고 있다. 따라서 삼성병원은 국내 1위에 만족하지 않고 세계 1위 병원으로 도약할 수 있도록 삼성은 해외에서 탁월한 실력을 갖춘 각 분야의 최우수 의사 인재 스카우트 및 최첨단 신장비인 의료기기 설치로 의료수준 인프라 추구에 전념할 것을 당부한다.

PART 2

삼성의
경영 정신

국제화 시대에 변하지 않으면 영원히 2류나 2.5류 회사가 될 것이다.
지금부터 혁신으로 변해도 잘해야 1.5류 회사가 된다.
따라서 바꾸려면 철저하게 바꾸어야 1류가 된다.
농담이 아니라 마누라 자식 빼고 다 바꿔라.

– 프랑크푸르트선언

SAMSUNG SAGA

CAHPTER 01

이건희 회장의
'신경영'

SAMSUNG SAGA

이건희 회장은 호암 이병철 회장과 박두을 여사의 3남으로 1942년 1월 9일 대구에서 태어났다. 혜화초등학교 5학년 시절인 1953년 "선진국인 일본을 배우라"는 부친의 권고로 일본에 유학을 가게 된다. 그 당시 일본에는 장남인 이맹희 제일비료 회장(현 CJ그룹)이 도쿄 대학교 농과대학에 재학 중이었고 2남인 이창희 새한미디어 회장이 와세다 대학 경제학부에 재학 중이어서 삼 형제가 동시에 유학하며 동경의 한집에서 지냈다. 이미 성년인 형들과 달리 초등학생이었던 이건희 회장은 학교 내에서 인종차별과 따돌림을 당하면서 혼자 지내는 시간이 많아 아주 깊게 생각하고 판단하는 성격이 형성된다. 그 당시 주로 TV로 중계되던 레슬링 경기에서 역도산 선수가 당수 하나의 기술로 일본 선수들을 링 안에 쓰러뜨릴 때마다 환호성을 치고 지냈다고 하며, 이 경기를 본 이건희 회장은 후일 서울사대부고에서 레슬링 선수로 활약하기도 한다. 이를 계기로 레슬링협회회장을 지냈으며, 레슬링 종목을 집중적으로 육성해 올림픽 금메달의 효자종목으로 키운다. 또한 어린 시절 3년간 약 1,300여 편의 영화를 감상하며, 한곳에 몰두하고 집중하면 날밤을 세우면서 끝장을 보는 차분한 성격도 이때 형성되었다고 한다. 일본 와세다 대학과 미국 조지워싱턴 대학을 졸업한 이건희 회장은 선진국에 대한 폭넓은 사고와 식견을 쌓고 귀국한다.

  1966년 동양방송 이사로 입사해 1979년 삼성물산 부회장을 거쳐서 우여곡절을 겪은 끝에 한국의 오랜 전통인 장자승계 원칙을 깨고 이병철 회장은 자기계발 노력과 자기혁신을 꾸준하게 해온 3남 이건희 회장을 눈여겨보다가 자신의 뒤를 이어갈 공식적인 후계자로 낙점을 하게 되면서 1979년 삼성그룹 부회장으로 승진하고, 본격적인 경영수업을 받다가 1987년 이병철 회장 별세 후 그룹사장단의 추대로 1987년 11월에 삼성그룹 회장으로 선임된다. 회장 취임식에서도 50년 이상 멀리 내다보는 안목으로, 이병철 회장이 지금까지 쌓아온 훌륭한 삼성의 전통과 창업주의 위업을 계승해 이를 더욱더 발전시킬 것이며 미래 지향적이고 도전적인 경영을 통해 향후 10년 안에 삼성그룹을 초일류 기업으로 키우겠다는 강한 의지를 표방함과 동시에 첨단산업 육성과 해외사업 확대로 국제화를 가속시킬 탁월한 인재를 발굴해 나가는 삼성그룹의 제2창업을 선언한다. 회장 취임 후 현재 국내 일류회사에 만족하지 말고 해외에서도 만족하고 향후 백 년간 삼성그룹의 미래를 위해 임직원들의 혁신과 변화를 수십 차례 강조하면서 초일류 기업에 대한 준비를 해 나갈 것을 강조한다.

1990년대 초반 이건희 회장은 전 세계 전자시장을 직접 돌아보면서 놀라움을 금치 못하는 현실을 눈으로 확인한다. 삼성전자가 수출한 제품이 판매가 안 되고 불량품이 쌓여서 바이어의 창고에 먼지를 뒤집어쓴 채 쓰레기 취급을 받는 것을 목격하고 울분을 표하면서 이러다가는 수출로 이익을 본 것보다 불량으로 인해서 리턴하고 재출고 해주는 비용이 더 커서 삼성전자는 적자가 누적되어 망할 수도 있다는 위기의식을 느끼게 된다. 이에 즉각적인 반응을 보인 이건희 회장은 드디어 1993년 6월 7일 삼성전자의 핵심 경영진과 현지 주재원 200여 명을 프랑크푸르트 캠핀스키 호텔로 불러 그 유명한 신경영 '프랑크푸르트선언'을 하게 된다. 이 자리에서 이건희 회장은 "국제화 시대에 변하지 않으면 영원히 2류나 2.5류 회사가 될 것이다. 지금부터 혁신해도 잘해야 1.5류 회사가 된다. 따라서 바꾸려면 철저하게

마누라와 자식 빼놓고 다 바꿔봐

♛

이건희 회장 1942 – 2020

1993년 6월 7일 신경영 '프랑크푸르트선언'

바꾸어야 1류가 된다. 농담이 아니라 마누라 자식 빼고 다 바꿔라"라는 명언을 남긴다. 그리고 "놀아도 좋으니 변화하려고 뛰는 사람 뒷다리는 절대로 잡지 말라. 회장인 나부터 솔선수범해서 바꿀 것이니 여러분들도 바꿔라. 바뀌지 않을 사람은 그냥 앉아있어라"라고 강조하며 "변화한 한 사람의 탁월한 인재가 향후 10만 명의 삼성인을 먹여 살릴 수 있다"고도 덧붙였다. "변화와 개혁은 하루아침에 이루어지지 않는다. 미래의 승자와 패자는 누가 먼저 고정관념을 깨고 변화를 정확히 알고 받아들이냐에 달려 있다"고 재차 강력하게 임직원들에게 변화할 것을 주문했다. 그리고 많이 양산해서 소량의 이익을 보며 수출하는 '양경영'보다, 성능이 탁월하고 글로벌시장에서 통하는 우수한 제품을 연구 개발하고 품질 좋고 튼튼한 제품을 생산해, 국내시장이 아닌 해외시장 수출을 통해 이익을 창출하는 '질경영'을 강조했다. 불량제품은 '암덩어리'라고 표현하며 철저하게 개선할 것을 지시하기도 했다.

"앞으로는 세상에서 디자인이 제일 중요하다. 모든 제품은 개성화로 갈 것이다. 자기 개성의 상품화, 디자인화, 인간공학을 접목해서 성능이고 질이고 간에 이제 생산기술이 다 비슷해진다. 향후는 개성을 어떻게 표현하는지가 중요해서 디자인에 대한 혁신이 필요하다"라고 하며 다자인 인력을 확대하고 글로벌 디자인단의 자문을 받아들이면서 일본 소니 제품을 이긴 것은 디자인혁명에서 나왔다고 말했다. 이는 훗날 삼성 휴대폰 제품 개발 및 디자인 시 이건희 회장 의견이 크게 반영되어서 2002년 단기 간에 천만 대를 판매하는 '이건희 휴대폰'이 탄생되기도 한다. 이런 경영혁신회의는 스위스 로잔과 영국 런던으로 이어졌으며, 비슷한 시기인 7월에 유럽보다는 가까운 위치에 있는 일본 오사키와 후쿠오카로 삼성전자 부장급 이상 중요 간부들을 불러서 밤샘 회의를 하면서 신경영에 대한 의미를 강조했다.

일설에 의하면 임직원들과의 대화만 350시간, 정보량으로 치면 A4용지 8,500장에 달하는 분량이라고 한다. 이런 경영철학을 바탕으로 이건희 회장은 취임 30년간 삼성전자의 매출을 400조 원으로 무려 40배 성장시켰고, 향후 백 년 내 한국경제계에 이런 정신을 강조한 훌륭한 경영자가 다시는 나올 수 없을 거라는 말도 있다.

28년 전 삼성의 미래를 예측하고 변화를 강조한 이건희 회장의 '프랑크푸르트선언'의 진정한 의미를 다시 한번 되새기며 '한번 삼성인은 영원한 삼성인'이라는 자부심을 가져본다.

변화만이
살길이다

SAMSUNG SAGA

이건희 회장은 1993년 독일 프랑크푸르트로 삼성전자 핵심 경영진인 사업부장 이상의 사장단과 유럽 각지에 주재원으로 근무 중인 삼성 직원들을 불러 앞으로 다가올 국제화 시대에 대비해서 나부터 솔선수범해서 변화할 것이니 여러분들도 "마누라 자식 빼고 다 바꾸자"라며 변화할 것을 요구했다. 하지만 임직원들이 수십 년간 몸에 밴 습관과 행동을 하루아침에 바꾸는 건 사실상 어려웠다. 이건희 회장은 직원들에게 '고정관념 파괴'라는 아주 큰 충격파를 주는 생각으로 직원들의 생체리듬부터 바꾸자는 의도를 천명하고 실천에 옮긴다.

이건희 회장은 그룹 인사를 총괄하는 비서실 총괄팀장 임원을 회장실로 불러 7·4제 시행을 지시했다. 인사담당 임원이 7·4제가 무슨 뜻이냐고 묻자 이건희 회장은 '오전 7시 출근, 오후 4시 퇴근'이라고 설명했다. 그러자 인사담당 임원은 직언을 했다고 한다. "전 세계 어느 국가의 수반인 대통령, 수상, 국왕도 7·4제로 일하라고 한 일이 없고, 오전 9시 출근 오후 6시 퇴근하는 게 일반적인 근로"라고 설명했다. 더구나 경기도 북부 지역이나 인천에 거주하는 임직원들이 대중교통도 없이 오전 7시 수원 공장으로 출근하기란 사실상 불가능하다고 건의했다고 한다. 그러자 이건희 회장은 직원들의 실거주지를 파악하고, 거주지 가까운 곳까지 통근버스를 배차해서 출근하는 데 지장이 없도록 하라고 지시하고, 혹 자가용으로 출근을 하는 직원이 있으면 유류대를 충분하게 지급하고 주차하는 데 불편이 없도록 주차시설을 확대하면 가능하다고 부연 설명했다. 만약 원거리에 사는 직원이 거주지를 근무지역으로 이전할 경우 이전에 들어가는 비용을 무이자로 지원하고 급여에서 조금씩 갚아 나가라고 지시했다. "불가능한 것이 아니라면 당장 시작해"라고 다시 한번 강조해 삼성그룹의 7·4제도는 시행에 들어갔다.

사실 과장급 이상 간부직원은 통상 오전 7시 30분 전에 출근하고 오후 밤늦게까지 일하는 것이 몸에 밴 근무 환경(과장은 부장이 퇴근해야 퇴근하고, 부서장은 임원이 퇴근해야 퇴근 가능)이었기에

7·4 출근제

빠른 시일 내 변화하는 게 쉽지 않았으며, 거꾸로 오후 4시 퇴근이 아니라 종전처럼 밤늦게까지 일하고 근무시간만 늘어난 게 아니냐는 반박도 있었다고 한다. 이런 불만을 깨고자 비서실에서는 불시로 직원들 사무실을 방문해 오후 4시 이후에 남아서 근무하는 게 발각되거나, 불시에 전화해 직원이 전화를 받으면 소속과 직책을 물어보고 즉시 시말서와 함께 인사상 불이익을 주면서 7·4제도는 안정적으로 정착해 나갔다. 물론 업무상 불가피한 상황은 예외적으로 인정을 해주었다. 예를 들면, 유럽지역으로 수출하는 담당 직원은 오후 4시에 퇴근을 하면 그 시간대에 유럽 거래선들은 출근을 해 막 업무를 하는 시간이어서, 이런 특수한 경우 오후 1시 출근 10시 퇴근으로 조정해 자율적으로 일할 수 있도록 했다.

파격적인 7·4제 출퇴근 제도을 실시했을 때 타 경쟁그룹사 인사담당 임원들은 물론이고 삼성 임직원들조차도 너무 심하지 않은가 하는 의구심의 반응을 보였다고 한다. 그런다고 뭐가 크게 달라지겠느냐, 제대로 지켜지기는 하겠는가 하면서 편잔을 주었고, 주변 핵심 참모들의 반대 의견에 부딪치면서도, 이건희 회장은 흔들림 없이 "이렇게 해서라도 삼성 직원들에게 자기계발 시간을 만들어, 혁신과 개혁을 할 수만 있다면 어떤 희생이 오더라도 반드시 시행해 앞으로 다가올 21세기 글로벌 시대에 맞는 인재가 되길 바란다"고 주장했다. 삼성이 앞장서서 그 본보기를 보이고 뒤이어 이 실천이 국내 사회로 확산된다면 그만큼 국내 경제에 필요한 T자형 인재들이 많아지게 될 것이고 이는 결국 삼성그룹만이 아니고 국가경쟁력 향상으로 이어질 수 있다는 확고한 의지를 갖고 인재 발굴에 매진한다는 것이었다.

사실 이건희 회장의 7·4제 시행에는 아주 깊은 의미가 숨겨져 있다. 7·4제 취지의 본질은 일하는 방식을 바꾸자는 것이었다. 단순히 출퇴근 시간을 바꾸자는 게 아니었다. 즉 8시간만 제대로 일하자는 것이다. 쓸데없이 오래 앉아있는 게 일을 잘하는 것처럼 보이는 관행을 없애고 오후 4시 정각에 퇴근해서 자기 개혁과 혁신에 필요한 시간을 갖고 변화하라는 의미였다. 따라서 삼성 임직원들을 T자형 인재, 즉 입체적이고 종합적인 사고 능력을 가진 인재들로 키워서 향후 삼성전자의 미래를 이끌어가는 선두주자가 되길 바랐다고 판단한다. 또 이건희 회장은 7·4제 시행으로 ① 상사의 눈치 보기를 깨라는 권위주의 타파를 위한 개혁 ② 향후 자기계발과 혁신에 힘쓰지 않으면 급변하는 글로 벌 시대에 뒤처진다는 인재제일주의 중심경영(1명의 탁월한 인재 가 향후 10만 명의 직원을 먹여 살린다)에 대한 확고한 의지 ③ 가정이 안정돼야 업무도 잘할 수 있다는 선진 국가들의 가정 중시 경영 의지를 엿볼 수 있다.

7·4제로 무장한 당시 20만 명의 삼성 직원들은 2시간 가까이 빨리 출근해서 일하고 조기 퇴근을 통해 세계 초일류 기업으로 다시 태어날 것이라는 각오로 근무시간을 효율적으로 쪼개 일을 하면서, 이건희 회장의 의도를 잘 이해하고 삼성그룹 전체 임직 원들이 하나로 뭉치는 원팀의 결의를 다지게 되었다. 끝으로 이 건희 회장의 "변화해야 살아남는다"는 의미를 다른 각도로 살펴 보면 이러하다.

첫째로 모든 변화는 나로부터 시작된다. 잔잔한 호수에 돌을 던지면 동심원의 파문이 처음에는 작지만 점점 커져서 호수 전 체로 확산해 나가는 것처럼 모든 변화는 나로부터 시작된다. 둘 째로 변화의 방향을 하나로 모으는 게 중요하다. 변화의 필요성 을 알면서도 변화가 가져올지 모를 불편과 불이익에 저항하는 이기주의는 '총론은 찬성하고 각론에는 반대하는 것'과 같다. 따라서 변화에 대한 올바른 방향을 제시하고 공감대를 확보하 는 것이 중요하다. 셋째로 한꺼번에 변화를 이루려고 기대해서 는 안 된다. 변화란 쉬운 일, 간단한 일부터 차근차근 쌓아가야 한다.

작은 변화라도 지속적으로 실천해 변화가 가져다줄 참맛을 느끼고, 나도 변화할 수 있다는 자신감을 갖는 것이 중요한 일이다. 너무 막연해 겁먹을 것 없이 우리 삼성 직원들 각자가 맡은 자리에서 본인의 생각을 조금씩이라도 변화하도록 실천해 나가는 것이 중요하며 "시작이 반이다"라는 우리 속담대로 과감하게 구태의연한 사고방식에서 벗어난 변화를 시도해 주길 당부한다.

CAHPTER 03

글로벌 삼성의 발판,
지역전문가 제도

SAMSUNG SAGA

이병철 회장은 그룹사훈으로 '사업보국'과 '인재제일'을 강조하면서 그룹을 성장시킨다. 선대회장의 지시를 그대로 승계한 이건희 회장은 사업보국보다 '인재제일'에 우선순위를 두고서 삼성그룹 각사의 대표이사들에게 업무의 절반을 인재를 발굴하고 키우는 것에 최선을 다하라고 지시한다. 이 지시에서 이건희 회장의 50년 미래를 내다보는 탁월한 경영수완을 엿볼 수가 있다. 즉 한 사람의 탁월한 S급 인재가 향후 10만 명의 임직원들을 먹여 살릴 수 있다는 철학이 묻어있다. 이에 따라서 초등학교와 대학을 일본, 미국에서 유학한 이건희 회장은 대한민국의 경제는 국내가 아니라 해외 수출을 통해 성장시킬 수 있다는 확신을 갖게 된다. 그런 상황이 10년 내에 올 것이란 직감으로 세계 각 국의 문화, 경제, 정치, 사회에 적합한 인재를 키우려면 세계 각 국가에 능통한 인재가 필요하다는 취지로 지역전문가제도를 시행하라고 지시한다.

이건희 회장은 앞서 설명한 대로 S급 인재에 대한 갈망이 있었다. 경우에 따라서는 글로벌 해외 인재를 잡기 위해 삼고초려는 기본이고 인재영입에 회사 전용기를 보내기도 했다. 이건희 회장 본인보다 더 많은 연봉을 주는 영입전략을 펴서 글로벌 시대에 대비해 나갔다. 최근 삼성이 영입한 하버드 대학교 물리학박사 출신의 세바스찬 승 교수는 AI(인공지능) 분야 세계 최고 권위자로 삼성전자의 AI 전략수립과 선행연구 관련 자문을 한다. 또 한 명인 다니엘 리 교수는 MIT 대학교 물리학박사 출신으로 알고리즘과 인공지능 로보스틱 관련 연구를 담당한다. 이건희 회장은 21세기 글로벌 삼성으로 가는 인재확보 방법론 중 하나로 '지역전문가제도'를 내걸었다. 일례로 세계 최고 권위의 경영저널 『하버드 비즈니스 리뷰』는 2011년 7-8월호 발행지에서 삼성의 지역전문가 파견이 삼성의 글로벌화 전략 성공의 초석이 되었고, 향후 삼성이 초일류 기업으로 성장하는 발판이 되었다는 기사를 연재한다.

사실 1987년 삼성그룹 회장으로 취임하자마자 지역전문가 육성

삼성그룹 지역전문가 제도

제도의 중요성을 강조했을 때만 해도 주변의 핵심 임원진들은
이건희 회장의 의도를 잘 이해할 수 없었다고 한다. 우선 파견비
용 문제도 발목을 잡았다. 지역전문가에게 급여 외 각종 현지 체
류비가 100% 지원되고 일을 안 하는 기회비용을 감안하면 1인
당 많게는 3억 원가량이 투자된다. 한해 300명가량 지역전문가
를 파견하면 연간 800~900억의 거액을 투자하게 된다는 건의
를 하면서 시기상조라고 거듭 반대를 했다. 그래도 이건희 회장
은 뜻을 굳히지 않고 좀 더 강하게 사장단을 질책한다. "국제화,
국제화하지만 삼성그룹 내 국제화된 인력이 부족해서 21세기에
는 아무것도 할 수가 없을 것"이라는 사명으로 이 일을 밀어붙였
다. 이건희 회장의 강한 질책을 받은 사장단은 1989년 지역전문
가 20여 명을 선발해 결재를 올리자 이건희 회장은 "아직도 내

말뜻을 못 알아듣는가!"라고 호통을 치며 당장 비용부담이 크더라도 200여 명을 선발해서 보내라고 지시했다.

지역전문가로 선발된 인재는 향후 1~2년간 현 업무에서 배제되고 각국으로 파견되어서 자유롭게 활동한다. 입사 3년 이상의 직원이 지역전문가로 선발되면 월급 이외에 연간 1억 원 이상의 현지 체류비를 지원받아 회사업무는 일체 하지 않고 파견된 국가의 언어와 문화, 경제상황, 법규, 인맥 등을 파악하면서 각자가 알아서 자유방임적으로 행동하게 하는 삼성만이 가진 독특한 인재양성 프로그램이라고 볼 수 있다. 지역전문가로 선발되기 위해서는 치열한 서류검토와 면접 등 사내공모를 통과해야 하고, 10주간의 집중 어학연수 과정을 마쳐야 지역전문가로 파견받을 수 있다. 지역전문가의 역할은 첫째로 현지 언어와 문화 습득이다. 이는 지역전문가의 가장 큰 역할 중 하나인 현지 언어와 문화를 이해하는 것이라고 본다. 즉 각국의 상습관, 법규, 문화전통, 생활방식 등 모든 분야에 정통해야 지역전문가로서 역할을 잘 수행할 수 있기 때문이다. 이를 잘 습득하기 위해 현지 국가에서 철저히 놀고, 먹고, 관광하도록 한다. 현지 학교나 연구소에 등록할 필요도 없고, 현지 지사에 출근할 의무도 없다. 그저 본인들이 알아서 그 나라 구석구석을 맘대로 돌아다니게 한다. 회사는 다만 해외 체류 중간중간에 직접 몸으로 부딪히며 체험한 내용을 자유로운 형식으로 회사가 지급한 첨단 노트북 PC와 디지털카메라에 담아 사내 인터넷에 올려서 다수의 임직원들이 정보를 공유하게 만든다. 삼성은 이런 제도를 통해 80여 개 국가, 100개 도시로 5,000여 명을 파견하고 들어간 비용도 1조 원에 달한다.

둘째는 파견 국가의 현지인과 교류활동 확대이다. 즉 현지 문화에 적응하는 것만큼 중요한 것이 현지인들과의 교류활동이다. 현지 사람들과 친분을 쌓는 것은 파견 국가를 좀 더 쉽게 파악할 수 있도록 돕고 향후 이는 현지 인적네트워크 구축을 위한 토대로 활용된다.

셋째는 글로벌 네트워크 구축의 기반이다. 즉 지역전문가 중 상당수가 실제로 파견된 국가에서 관련 업무에 종사하는 미래의 주재원으로 성장하는 기반을 만든다. 지역전문가로서의 활동은 향후 글로벌 네트워크를 구축하는 초기 선인적 투자로 볼 수 있다. 실제로 인도네시아의 지역전문가로 파견된 인재가 현지 국가의 고위직 자녀와 결혼을 해서 향후 해당 국가기관의 전자협회장으로 활동하며 삼성전자의 현지 시장점유율을 올리는 데 큰 도움을 준 사례도 있었다. 또 다른 사례로 1990년대 태국으로 파견된 직원이 현지 경영대학원을 다니며 쌓은 인적네트워크로 삼성이 일본 소니와 파나소닉을 밀어내고 해당 국가 시장점유율 1위를 하게 만들기도 했다. 삼성전자 중남미총괄에 오른 홍현철 부사장 역시 남미 지역전문가 출신으로 남미시장에서 삼성전자가 마켓 1위로 성장하는 최대 공신이 된다. 또 다른 기사로 일본 산케이 신문은 "삼성이 지역전문가 제도를 적극적으로 활용한 것이 현지 글로벌 마케팅의 근간으로 삼성의 급성장 원동력이 되었다"라고 극찬했다.

지역전문가는 초창기에 선진국 위주로 파견했다. 일본에서는 엔지니어링, 미국에서는 마케팅과 매니지먼트, 싱가포르와 홍콩에서는 금융업 업무를 경험하게 했으나 2000년대 중반 이건희 회장은 지역전문가 국가를 확대하라고 지시했다. 선진국 위주 국가에서 벗어나 향후 떠오르는 신흥국가로 바꾸라고 하면서 선진국은 이미 전문가가 많고 삼성 브랜드가 자리 잡았기 때문에 아프리카 등 향후 시장 확대에 대비해 좀 더 많은 지역전문가 파견을 지시했다. 지역 파견 국가를 살펴보면 중국이 650여 명, 일본 510명, 미국 450명, 영국 142명, 독일 132명, 러시아 100명, 인도 90명, 멕시코 75명, 브라질 57명, 인도네시아 60명, 베트남 56명, 싱가포르 51명 등의 순서로 많고 떠오르는 시장으로 신흥국가인 인도와 러시아 등으로는 전문가를 좀 더 많이 파견하라고 지시했다.

이런 지역전문가 투자는 10년이 지나면서 막강한 위력을 발휘하게 된다. 우선 돈 주고도 구하기 어려운 방대하고 촘촘한 지역 국가 정보를 만들어 냈다. 이에 따라 지역전문가를 파견한 80여 국가, 700여 도시의 생생한 고급 정보가 리포트 8만 건, A4용지

4만 장 분량과 사진 10만여 장으로 기록되어 해외 수출 관련 업무 및 국가정보원의 해외자료 참고자료로 활용되었다. 예를 들어, 남미 파라과이에서 술 마시기 좋은 장소, 미국에서 주택 싸게 구입하는 법 등은 물론 현지에서 사귄 인맥, 외국 정부 부처의 경제정책 같은 정보도 망라한다. 삼성 주재원들이 시간 낭비 없이 경쟁사보다 한발 앞선 위치에서 현지 업무에 즉시 적응할 수 있도록 가능하게 만든 것도 바로 이런 정보력 때문이라고 필자는 판단한다.

결론적으로 전 세계 어떤 최첨단 초일류 대기업도 시도해 보지 않은 지역전문가 제도는 향후 백 년 이상 '세계 넘버원 전자기업'을 유지하는 원동력으로 영원하게 남을 것으로 믿는다.

구매를
예술화하라

SAMSUNG SAGA

1990년대 초, 구매 담당 임직원들이 모인 가운데 이건희 회장은 구매의 수준을 예술화하라고 지시한다. 이 지시를 들은 임직원들은 "구매의 예술화"라는 단어는 처음이라며 이해를 잘 하질 못했다. 사실 필자도 해외주재원 근무 시 업무의 70% 정도가 한국 본사 구매부서가 요청한 소재, 부품, 장비에 대해서 현지 판매기업체를 찾아서 품질 좋고, 가격이 저렴한 견적서를 제시하고 적기에 납품해 제품생산에 차질이 없는 항목에 적합한 회사와 계약해 최종적으로 제조원가를 낮추는 게 기본 원칙이었다. 물론 구매 시 필요하면 한국 본사의 구매 담당과 함께 현지 기업의 공장시설도 시찰하고 최종 판단을 해 결정하기도 했다. 소비자 입장에서 볼 때 품질 좋고 오랫동안 사용할 수 있는 제품을 제조해 판매하는 것도 중요하지만, 보다 더 중요한 것은 디자인이 좋아서 소비자가 최종적으로 구매할 수 있도록 제품을 만들어서 판매하는 것이라고 본다. 그러기 위해서는 디자인과 향후 A/S까지 완벽하게 되어야 한다고 강조했다. 이런 마인드가 초일류 기업으로 가는 기초가 되었다고 본다. 무조건 저렴한 부품을 강조하면, 납품업체 부품의 질이 떨어져서 결국은 얼마 사용하지 못하는 2류 제품으로 하락한다며 이건희 회장은 중소부품업체와의 협력관계를 육상 경기 중 하나인 '2인3각'으로 정의하고 중소기업은 고객만족과 품질향상을 위해 함께 뛰는 파트너로서 하청업체가 아니라 자식까지 대를 물려가면서 거래하는 공존경영의 관계로 자리 잡아야 한다고 했다. 상호 간에 단순한 구매가 아니라, 협력업체가 상생토록 적절한 마진을 베풀어 주면서 도움을 받는 관계 개선 구축을 통해 양질의 부품을 신속히 구매하는 예술의 경지까지 끌어올리는 게 진정한 '구매의 예술화'라고 강조했다. 즉 지금까지 수많은 대기업은 중소기업을 하청업체라 부르며 상전 노릇을 했다. 동반자가 아닌 원가절감의 대상으로 인식해 온 것도 사실이다. 마지못해 가격을 내려서 기업을 유지하는 정도의 마진으로는 납품검사 시 적당히 검사만 통과하면 된다는 인식이 팽배해 제품품질 향상에는 전혀 도움이 안 되고 향후 원청기업의 A/S비용이 과대하게 발생한다는 것이다.

이를 개선코자 1993년 프랑크푸르트 신경영 선포 시 이건희 회장은 '구매의 예술화'를 다시 한번 강조했다. "올해만 삼성그룹의 총구매액이 9조 8,000억 원, 품목은 525,000개, 구매회사는 19,000개에 달한다. 제조원가에서 차지하는 원자재 비율이 삼성전자가 60~70%이고, 신세계가 75%, 삼성물산은 거의 100%다. 즉 전체 원가의 50~60%를 협력업체에 의존하는 상황이니 사업의 성패는 구매단계에서 이미 결판이 난다고 해고 과언이 아니다. 종합상사나 백화점의 경우 기업의 생존권 자체를 중소기업이 쥐고 있다고 봐야 한다. 협력업체 사장들을 존중해줘야 삼성에 대한 충성심도 생기고 물건도 잘 만들려고 생각할 것이 아닌가. 갑으로 여겨지는 삼성이 갑질을 안 하고 잘해주면 더 감동하지 않겠는가. 구매를 예술 수준으로 끌어올려라"라고 재차 지시했다.

삼성전자는 필요 시 자금지원은 물론 정보제공, 기술지도, 경영컨설팅 부서를 신설해 협력업체에 대해 적극적인 지원에 나선다. 따라서 협력업체 경영자도 장인정신과 프로정신을 발휘해 "누구에게도 뒤지지 않는 경영자"라는 기업가 정신으로 무장해 품질향상과 기술개발에 노력하고 대기업들이 "제발 당신 회사 제품을 쓰게 해달라"고 역으로 찾아와서 부탁할 부품을 생산해야 동반성장하는 초일류 기업으로 갈 수가 있다고 보았다. 따라서

삼성전자-협력회사 간 세미나

삼성전자에 납품하는 협력업체 수천 개 기업을 잘 키우고 육성하는 일이 다른 용어로 '장인의 예술화'라고 강조하며 협력업체를 등쳐서 무조건 싸게 구매하는 일, 잔재주를 부리는 일, 우리 삼성만 덕 보자 하는 것은 예술이 아니라고 했다. 앞서 강조한 대로 협력업체가 자생할 수 있도록 기술도 키워주고 자금도 도와주는 것이 진정한 '구매의 예술화'라고 판단된다.

이건희 회장이 생각하는 협력업체라는 단어는 "시대변화를 리드하고 때로는 한 사회나 조직의 철학을 대변하기도 한다. 삼성이 국내에서 처음으로 하청업체가 아닌 협력업체라는 용어를 사용한 것도 바로 협력업체인 중소기업의 중요성을 구매조직에 각인시키기 위해서"이다. 이 지시에 따라서 구매담당자들은 '하청업체'라는 용어를 버리고 '협력업체'라는 말을 사용하게 되었다.

그리고 협력업체를 잘 키우려면 장기적으로 국제경쟁력을 가진 사람을 키워야 한다는 지론으로 중소기업인력개발원을 세워서 중소기업중앙회에 기증했다. 매년 수천 명 이상이 교육을 받는 연수시설인데도 대규모 빌딩에 잔디구장까지 갖추었다. 건물 입구 비석에는 '중소기업의 열망과 이건희 회장의 뜻이 함께해'라는 글귀가 새겨져 있다. 연수원 준공 시 수백 명의 중소기업 관계자들이 모여서 "이건희, 이건희!"를 연호하며 서로가 달려가 "이건희 회장님, 고맙습니다"라고 눈물을 흘리며 인사하느라 왁자지껄했다는 일화가 있다. 이날 개원식에서 이건희 회장에게 가위가 전달되지 않은 상태에서 테이프 커팅식이 진행되는 작은 의전 실수가 있었다고 전해지는데, 이건희 회장이 환하게 웃으면서 손가락으로 가위 모양을 그리며 커팅하는 센스를 보여 담당자의 실수를 커버하고 현장에 모인 사람들을 모두 웃게 만들었다. 2002년 중소기업중앙회에서는 이건희 회장에게 감사패를 전달했는데 "중소기업에게서 감사패를 받기는 처음"이라며 크게 기뻐했다고 한다. 이건희 회장이 협력회사라는 용어를 사용하면서 삼성전자는 1981년 삼성전자와 협력사 간 원활한 업무 협력관계를 유지하고 정보교환과 공동기술개발 등을 통한 상호 발전을 위해 삼성전자 1차 협력사 39개사가 모여서 설립된 단체로 2020년 기준 201개 기업체가 협력사로 등록되어 있다.

협성회 회원사들은 첫째로 협력회사를 대표해 삼성전자와 상생활동 협의 애로사항 해결, 둘째로 2~3차 협력회사 대상 신기술, 신공법 습득을 위한 벤치마킹과 세미나 실시로 협력회사 경쟁력 향상 활동, 셋째로 지역사회 대상 봉사활동과 장학사업 등을 시행하고 있다. 협성회 201개사 2019년도 매출총액은 약 57조 9,000억 원이고 종업원 숫자도 28만 3,000여 명에 이른다. 또 매출액이 1조가 넘는 기업도 동우화인켐, 엠씨넥스, 파트론, 대덕전자, 신성이엔지, 원익IPS, 이오테크닉스, 인탑스, 에스에프에이 등 9개 회사이다. 이는 1991년과 2019년을 비교하면 매출액은 약 25배 이상 늘었고 고용 인원도 6배 이상 증가한 것으로 알려졌다.

또한 이건희 회장은 협력회사와의 공존체제는 협력포탈(Collaboration Portal)과 공급망 관리(SCM) 등으로 시스템화하라고 지시했다. 여기서 SCM이란 'Supply Chain Management'의 약자로 원재료 구매에서 최종고객까지 전체 물류 흐름을 계획부터 실시, 통제하는 통합적인 관리기법이며 경쟁력 강화를 위해서 기업 내부 시스템을 공급자, 고객 등 외부 시스템과 통합시키는 전략을 말한다. 뿐만 아니라 SCM은 실시간 정보공유와 협력을 통해서 공급경로를 단축시켜 주고 수요의 불확실성과 재고 과잉 등의 부작용을 최소화하는 기법이다. SCM은 기업에서 원재료의 생산, 유통 등 모든 공급망 단계를 최적화해 수요자가 원하는 제품을 원하는 시간과 장소에 제공하는 공급망 관리로 공급망 전체 현금 흐름의 효율을 극대화한다.

이는 일본의 도요타가 세계 최초로 실시한 JIT(Just IN Time, 부품 재고를 쌓아두지 않고서도 필요한 때 적기에 부품을 공급하는 생산방식, 즉 팔릴 물건을 팔릴 때에 팔린 만큼만 생산해 판매하는 다품종 소량 생산에 맞는 획기적 방식으로 고객의 주문이 들어오면 즉시 생산하는 방식)이다. 이 방식을 도입한 도요타는 결론적으로 대폭적인 리드타임 단축, 납기 준수, 재고 감소, 생산성 향상, 불량 감소를 가능하게 만들어 1위 기업 GM을 이기고 1위 자동차 회사로 도약했다. 따라서 도요타는 철저한 현장 중심 개선작업으로 원가를 최대한 절감시킨다.

이건희 회장은 "자동차를 만드는 데 2만여 부품이 투입된다. 이중 하나라도 불량이 나면 A/S 비용이 과다하게 지불된다. 이와 마찬가지로 스마트폰, QLED TV, 노트북, 냉장고, 세탁기 등에도 수많은 부품이 투입되어서 생산된다. 삼성전자도 불량부품이 투입되면 향후 불량제품으로 인해 엄청난 대가의 자금이 지출된다. 불량은 우리 몸으로 비유하면 '암덩어리'이다. 구매부품의 질 향상을 위해서 부품업체의 마진을 충분하게 주는 구매를 하라. 구매담당자 한 사람 한 사람의 품격과 능력이 한 차원 더 높여져서 구매단계부터 예술에 영혼이 들어가듯 각자 자기 본업무에 영혼을 불어넣는 구매예술가가 돼 멋지게 구매업무를 하라"고 강조했다.

‘구매의 예술화’라는 용어를 국내 최초로 사용함으로써 삼성 전자는 물론 협력업체도 조 단위 이상의 매출회사로 성장하게 되고, 비로소 양대 축의 회사들이 이건희 회장이 원하는 초일류 기업으로 상생할 수 있는 시너지 효과를 가져온 것이 분명하다.

고객의 마음을 사로잡은
디자인 혁신

SAMSUNG SAGA

과거 삼성전자는 국내외 타 기업으로부터 생산공정도 관련 도면을 받아서 저가의 OEM(Original Equipment manufacturing) 제품을 대량 생산해 적은 마진을 남기고 납품하거나 일부 자사 모델을 개발 및 생산해 국내외에 판매했다. 따라서 회사를 이끌고 가는 사업부장급 이상의 임원진은 속도, 규모, 품질을 앞세우며 회사의 매출을 올려왔다. 즉 회사의 마케팅 책임자들은 단지 OEM 업체들의 납품단가에 맞추어 판매가를 결정하고 여기에 부합된 기능들을 도입시켰다. 생산공장은 판매가와 바이어 요구 성능에만 부합된 제품을 제조해 납품한다. 이런 과정의 최종 단계에서 디자이너들은 제품의 외관이 근사해 보이도록 디자인했다. 회사 내에 몇 명 안되는 디자이너들이 엔지니어링과 신제품 사업 부문에 뿔뿔이 흩어져 있었고, 그저 엔지니어링 샘플 제품이 잘 나오도록 디자인하는 것에 불과했다. 회사 내에 산적한 효율 극대화 중심의 경영 관행과 엔지니어링의 정밀성을 우선시하던 회사 분위기상 제품 디자이너의 직위도 낮았고 제품에 미치는 영향력도 미미한 형태로 회사가 유지되었다.

이런 상황을 파악한 이건희 회장은 1993년도에 삼성그룹 차원에서 디자인과 관련한 서구의 선진 관행을 도입하는 프로젝트를 출발시켰으나 성과가 미미하자, 1996년도를 '디자인 혁명의 해'로 선언하면서 삼성전자 제품에 대한 삼성의 철학과 혼이 깃든 삼성 고유의 디자인 개발에 업무역량을 총집중하라고 지시했다.

신경영 혁신에 소홀한 임원들을 보고, "삼성전자가 초일류 브랜드가 되려면 다가올 21세기는 '문화의 시대'이자 '지적 자산'이 기업의 브랜드 가치를 결정하게 될 것으로 본다. 기업도 단순히 제품을 파는 시대를 지나 기업의 철학과 문화를 팔아야만 하는 시대이다. 즉 기업경영의 최후 승부처로 믿는 디자인 영역에서 전문 역량과 혁신이 필요하다"고 강조했다. 이제는 삼성도 소비자 니즈에 맞는 제품을 개발, 생산, 판매하기 위해서 세계적 수준의 혁신이 뒷받침할 디자인 중심의 경영문화에 필요한 유연하고 창의력 있는 인재를 확보하고 키우라고 하면서 전무급 이상 임원들에게 디자인을 배우라고 재차 강조했다.

이 지시에 따라 삼성전자는 전략적 사고능력과 끈기가 있는 디자이너들을 모은 신설 조직을 결성했다. 회사의 대폭적인 지원으로 디자인 조직은 헌신적이고 빼어난 디자이너 군단을 결성하게 되었고, 이들이 혁신을 추구할 때 사용하는 도구, 곧 '공감', '시각화', '시장에서의 실험'으로 사내의 갈등과 저항을 처리하고 극복해 나간다. 이와 같은 디자이너 군단은 각 사업부에 디자인 혁신 마인드를 단단하게 심어줄 뿐만 아니라 기술의 극적인 변화에 발맞춰 개발제품을 재평가하기 위한 분석틀을 제공하는 정책과 체계를 수립하는 혁신의 발판이 된다.

또 한편으로 1995년도에 SADI(삼성아트디자인센터, samsung art & design institute)를 설립해 자사적으로 기업과 사회의 혁신에 기여하는 창의적 디자이너 육성이라는 목표를 달성하기 위해 최첨단의 선진국의 교육내용을 도입 개발시킨다. 이런 창의성과 실무역량을 충분히 배양시키는 교육환경을 제공한 결과 졸업생들은 국내 기업에 탁월한 인재로 각광받음은 물론 해외 디자인 업체에서도 스카우트의 대상으로 성장한다. 사내에 디자인 연구소를 설립해 디자인 인재를 키운 결과 삼성전자는 일본의 자존심인 소니를 이기는 결정적인 강점이 된다.

이건희 회장은 "삼성 브랜드와 품질을 이어가는 고리 역할이

디자인이다. 소비자가 무형의 브랜드 가치를 직접 느끼기란 쉽지 않다. 디자인은 이런 무형의 가치를 소비자 가치로 바꿔주는 매개체이다. 소비자는 디자인된 제품을 빠르면 1초 내로 눈으로 보고 손으로 만지면서 제품의 가치를 느끼고 구매를 결정한다"라고 말하며 다시 한번 현재 삼성의 디자인 수준은 2류 내지는 잘해도 1.5류라고 평가했다. 그러면서 빠른 시일 내로 1류 디자인 제품을 출시하라고 강력하게 지시했다.

이건희 회장의 디자인에 대한 식견은 누구도 따라잡을 수 없다. 삼성이 개발한 휴대폰을 이건희 회장이 보자 단 3초 만에 집어 던지면서 설계자를 아마추어 수준이라고 질타한 일화가 있다. 이유는 기술적인 문제가 아니라 디자인이 잘못되었다고 지적한 것이다. 소비자 입장에서 제일 많이 사용하는 전원과 통화하는 키를 휴대폰 하단에 두어서 고객이 한 손으로 다루는 데 불편하다는 지적이었다. 그러면서 당장 설계를 변경해 한 손으로 쓸 수 있도록 앞서 지적한 키의 위치를 바꾸라고 지시했다.

이후 삼성 휴대폰 디자인이 이건희 방식으로 변경되어 이건희 폰까지 탄생된다. 또한 2000년도 초반 29인치 평면 TV가 출시되기 전에 연구소를 방문한 이건희 회장은 TV를 섬세하게 보고 직접 손으로 만지면서 좀 더 디자인을 개선해서 출시하라고 지시했고 추후 이 평면 TV 모델은 대박을 낸다. 또한 2006년 초 삼성전자는 와인잔을 형상화한 보르도 TV를 개발할 당시에도 사내 디자인연구소가 최초로 설계한 TV 두께는 110mm였다고 한다. 금형으로 출시한 제품을 보자마자 이건희 회장이 막대기로 내리치면서 개발담당자들을 질책했다. "제품을 슬림화해야 일본 소니를 이기고 1위로 올라갈 수 있다. 내가 여러 번 강조한 대로 앞으로는 가정집마다 벽걸이 TV가 한 대씩 놓일 시대가 올 것이다. 이런 경우 TV는 가벼워져야 한다. 당장 TV 두께를 80mm 이하로 하라"고 지시했다. 이후 79mm 보르도 TV가 출시되면서 2006년 드디어 일본 소니 TV를 1위 자리에서 밀어내고 삼성전자 TV가 1위로 올라서면서 현재까지도 시장점유율 1위 자리를 16년 연속으로 유지하는 견인차 역할을 하게 된다.

디자이너를 키운 이건희 회장은 현재 기준 1,500명 정도의 디자인 인력을 보유하게 되었고, 국내뿐만이 아니라 해외 7개국에 디자인연구소 인력 300여 명이 근무 중이며, 핵심인력 100여 명은 영국 런던과 미국 샌프란시스코, 이탈리아 밀라노, 인도 노이다, 일본 동경에서 근무하면서 현지의 사회, 문화, 라이프 스타일 조사와 트랜드 예측을 통해 글로벌 감각에 최적합한 디자인 제품을 개발 중이다. 이런 조치는 삼성전자의 디자인이 세계적인 수준으로 성장하는 데 크게 기여하게 되었고, 국내 인력 대부분은 서울 서초동 사옥의 자유분방한 분위기에서 첨단제품 디자인에 집중할 수 있도록 만들어 타사의 추월을 넘보기도 어렵게 한다. 이와 더불어 이건희 회장은 "국내외에서 천재급 디자이너를

♛

TV 디자인 개선 지시를 하는 이건희 회장

확보하라"고 지시했다. 또 스카우트된 디자이너들에게 세계 최고급품을 얼마든지 구매해서 사용할 수 있는 권한을 부여하는 등 세심하게 경영자 못지않은 영향력과 능력을 발휘하도록 배려했다. 이래야만 세계적인 경쟁력을 갖춘 명품을 디자인할 수 있다고 판단한 것이다.

삼성전자 디자인 경영센터는 다양한 전공자들이 모여서 일하는 융복합 조직이다. 전공은 30가지에 이른다. 미대 출신의 디자이너와 엔지니어가 다수를 차지하지만 경영학, 사회학, 인류학 전공자들도 있다. 그외 교육공학과, 간호학과, 피아노과, 작곡과 출신자도 있다. 피아노과 출신은 사운드 디자인팀에서 찰랑찰랑하는 물소리 같은 효과음을 개발 디자인하기도 한다. 서울대 응용미술과와 미국 시카고 대학원에서 멀티미디어 학위를 받고 대학교수로 근무 중인 자를 스카우트해 디자인센터에서 임원으로 일하게 만들었고, 현재 디자인 관련 임원급만 15명 이상이 근무 중이다.

현재 삼성전자의 최대 수익제품인 스마트폰이 나오기 전에도 '이건희 휴대폰'이라는 디자인으로 한 달 만에 천만 대가 넘는 실적을 낸다. 특히 빨간 색상의 휴대폰은 그 당시 중국 여성들이 가장 먼저 찾는 제품으로 각인되어 단숨에 중국 휴대폰 시장을 휘젓는 최대 히트 제품이 되는 아이러니도 발생했다. 이건희 회장이 디자인 혁신에 대한 열정이 있었기에 스마트폰 분야에서 후발주자로 출발한 삼성전자가 '갤럭시 S3' 제품부터 미국 애플을 1위 자리에서 밀어내며 진정한 전 세계 1위 자리를 유지할 수 있었다.

그 외 고객의 삶의 가치를 높이기 위해 21세기 디자인 혁신으로 개발된 쇼케이스 냉장고, 고객 취향과 기호에 맞춘 색, 재질, 기능 용량을 선택할 수 있는 맞춤형 냉장고인 비스포크 모델 출시, 빌트인 오븐, 블루 크리스탈 도어 드럼세탁기, 트라이앵글 디자인의 벽걸이 에어컨, 공간을 최대한 줄인 무풍 에어컨 등 백색가전의 출시로 TV를 넘어서는 다양한 제품으로 가전 분야에서도 조만간 세계 1위로 등극할 것이라 기대한다.

CAHPTER 06

삼성의
핵심인재 관리법

SAMSUNG SAGA

창업주 이병철 회장은 평소 "기업은 사람이다"라는 경영이념을 실천해 왔다. 기업활동 40여 년의 기간 중 80% 이상을 인재를 고르고 교육하는 데 소비했다. 오죽하면 고인이 된 이병철 회장의 묘비에 "자기보다 현명한 인재를 모으고자 노력했던 사나이 여기 잠들다"라고 쓰여졌을까. 이를 이어받은 이건희 회장도 '인재제일주의' 철학을 확고하게 시행하고 있다. 즉 기업은 사람의 역량이 모이는 조직이다. 사람의 능력을 개발하고 그 능력을 최대한 발휘하도록 하는 것이 기업이다. 삼성은 이를 위해 업스킬링(Upskilling)과 리스킬링(Reskilling)의 교육훈련을 혹독하게

삼성 창업주 호암 이병철 회장과
신입사원들과의 대화

시행해 인재를 키운다. 그래서 창업 초기부터 사람이 사업을 좌
우한다는 소신으로 '인재제일경영'을 해왔다.

스페인어로 회사를 콤파니아(compania)라고 하는데 com(함
께)+pan(빵)+La(공동체라는 접미어)를 합친 단어이다. 즉 함께 빵을
나누는 공동체로, 기업이란 '함께 사람이 모여서 업을 추구하는
곳'이다. 6·25전쟁 후 한국은 전 국토가 파괴되어 자원, 자본은
물론 기술도 전무한 빈민국가에서 그나마 다행인 것은 다산으로
태어난 풍부하고 우수한 인적자원들이었다. 이런 환경 때문에
삼성은 인재에 대한 투자도 과감하게 시행했고, 삼성그룹은 인
재양성의 원천인 삼성종합기술원 로비에 '무한탐구'라는 휘호
가 크게 쓰여 걸려있다. '기술을 지배하는 자가 세상을 지배하고
그 기술은 사람(인재)에게서 나온다'라는 게 삼성의 인재 철학이
라고 필자는 판단한다. 국내 경제계에선 '삼성은 인재를 키우는
사관학교'라는 말도 있다.

'인재제일주의' 철학은 혁신의 아이콘이다. 기술도, 미래도 모

두 인재에서 출발된다. 삼성의 혁신은 일류만이 살아남고 일류가 대우받는 조직문화를 만드는 것이라고 판단된다. 국내에서 초특급 대우를 받는 삼성의 대표이사는 공채로 입사한 직원들의 꿈이자 목표이다. 왜냐하면 대표가 되면 가족 3대가 풍족하게 먹고산다는 말이 나올 정도로 대우를 해주기 때문이다. 삼성의 핵심인재 경영론은 IT산업 후발주자로서 경쟁 선진국보다 기술에 약했던 삼성전자가 최고의 기술을 가진 핵심인재를 스카우트하는 전략으로 인재에 대한 혁신을 추진했다.

한 예가 경기고와 서울대 전자과를 졸업하고 대한민국 정부가 100% 유학경비를 지원한 국비장학생 1호로 선발되어 유학을 가서 미국 스탠퍼드 대학 반도체공학 박사를 받고 IBM연구소에서 메모리를 개발했던 진대제 박사를 삼고초려 끝에 35세 최연소 이사로 스카우트해 반도체 개발을 맡기고 1989년 드디어 세계 최초로 16M DRAM 반도체를 개발함으로써 마침내 삼성의 메모리 반도체사업이 1993년 세계 1위로 올라서는 쾌거를 만든 것이다. 진대제 박사는 삼성 입사 시 "반도체 분야에서 세계 1위 기업인 일본 반도체 회사를 박살 내서 반드시 삼성전자를 반도체사업 분야 세계 1위 회사로 만들어 일본인들의 코를 납작하게 만드는 1등 공신이 되겠다"는 각오를 했던 것이 기억난다. 또한 삼성은 학벌주의, 파벌주의, 정실주의를 파괴해서 철저한 성과주의로 핵심인재를 키운다.

삼성전자로 스카우트될 당시 중소기업에 근무 중이던 탁월한 인재 한 명이 삼성의 스마트폰 사업을 단기간 내에 세계 1위로 우뚝 서게 만들기도 했다. 그는 서울의 영등포공고를 졸업 후 인천 소재 전문대학을 졸업하고 4년제 대학인 세칭 SKY 대학도 아닌 광운공대에 편입학하고 졸업한다. 당시 그의 실력으로는 국내 전자 대기업인 삼성전자나 LG전자로 입사할 기회가 주어지지 않자 중소기업인 M전자 개발자로 입사한다. 그러나 이건희 부회장 시절 성실함과 개발능력이 뛰어나다는 소문이 전자업계에 퍼지자, 1984년 이건희 회장이 직접 나서서 스카우트를 했다. 그는 삼성전자 연구소에서 업무 능력을 인정받고 최고속 승진을 하게 되었고, 무선사업부 개발실장을 거쳐 2009년 사장급인 무선사업부 수장으로 발탁된다. 이후 그는 반도체사업부 못지않게 돈을 벌어다 주는 사업부라는 실적을 인정받고 삼성전자 부회장까지 승진했으나, 어느 날 후배들에게 길을 터준다는 뜻을 굽히지 않고 갑자기 용퇴하면서 고문으로 내려갔다. 어학 능력이 부족했던 그는 자력으로 영어 공부에 매진해 1년 후 영어 구사가 능통한 기술전문가로 변신했다. 무선사업부 시절 1년에 40% 정도를 직접 해외 출장길에 나서서 영어로 브리핑을 하면서 해외 바이어들의 마음을 움직이게 하고 거액의 계약을 직접 따낸 일화로도 유명했다. 또한 그의 꼼꼼하고 성실함을 겸비한 섬세한 기술능력을 바탕으로 신제품을 조기에 개발함으로써 삼성전자의 갤럭시 스마트폰이 스마트폰 세계 최초 개발사인 애플을 빠른 시일 내로 마켓 점유율 1위에서 2위로 밀어내는 원동력의 근원이 되었다.

삼성은 핵심인재를 S(Super)급, A(Ace)급, H(High potential)급으로 구별하고 같은 직급이라도 연봉이 4배까지 차이가 나도록 인사구조를 혁신했다. 인재에 대한 처우는 입도 마음만도 아닌 파격적인 급여보상으로 보답했다. 경우에 따라 S급 인재는 대표이사보다 더 높은 상상을 초월한 연봉과 대우를 받고 핵심 기술 개발이나, 신사업 프로젝트에 참여할 기회와 자격을 부여받았다. 이와 같이 보다 개방적이고 선진화된 삼성조직문화에 걸맞게 국적, 성별, 인종차별 없이 다양한 색깔의 월등한 인재들이 모여 열정과 몰입을 통해 새로운 신사업 아이디어와 가치를 자유롭게 창출하게 만드는 것이 삼성이다.

삼성전자는 확보한 S급이나 A급 인재가 이탈하지 않고 업무에 집중할 수 있도록 모든 환경(취향에 맞는 근무 사무실 인테리어 지원, 거주지역 주택 제공, 최고급 승용차 제공, 자녀학비 지원, 배우자의 취미 생활 지원)을 완벽하게 만들어 주고 있다. 그래서 핵심인재 보유율이 세계 최고 수준이다. 삼성전자의 핵심인재 퇴사율은 2% 정도라고 필자는 알고 있다. 삼성전자의 핵심인재들은 최소 10년 후를 예측하고 이를 실천하고자 탁월한 능력 발휘는 물론이고 끊임없이 꿈을 창조하라고 주문받는다. 혁신은 기업의 미래비전과 현장의 실천이 만나야 비로소 진정한 시너지 효과가 나오게 된다.

이건희 회장은 능력을 발휘한 인재들에게는 2단계 파격적인 승진 인사도 한다. 즉 대리급 직원이 차장으로 승진하거나 상무급 임원을 전무를 건너뛰어 부사장으로 승진시키는 극단의 조치를 강행해 과거 구태의연한 인사조직문화를 깨어 버렸다. 성과주의는 시행하되 삼성전자의 인사제도는 비교적 매우 공정하고 객관성이 높았다고 필자는 판단한다.

첫째로 삼성전자인들은 스스로 자기 인사 관리가 가능하게 만든다. 즉 공정한 심사를 통해 자기가 언제쯤 승진 가능한지 미리 승진 포인트 획득 결과를 알려 주어서 스스로 알게 만들고 부족한 부분을 채우게 해 보너스와 인센티브 금액을 본인 스스로 계산이 가능케 한다. 둘째로 인사운영 프로세스가 매우 공정하고 투명하게 운영된다. 즉 평가 결과는 즉시 공개되며 언제든지 이의를 신청할 수 있도록 프로세스를 설계한 것이다. 셋째로 중간 간부들의 리더십과 자질이 비교적 탁월한 편이어서 하위 직원의 평가를 공정하게 할 수 있는 역량을 높였으며, 피평가자들도 수많은 공평 교육을 통해 인사평가를 수용하는 문화를 정착시킨다. 넷째로 승진이나 연봉 등 보상제도가 성과에 따라서 차별화되다 보니 삼성전자인들은 보다 나은 기회를 보장받기 위해, 이미 지나간 결과보다는 미래의 성과에 집착하고 업무개선에 전념하게 만든다. 이와 같은 업무평가에 대한 공정성과 투명성을 보장받는 삼성문화 정책을 통해서 삼성전자인들은 자발적으로 성과 창출에 매진하게 분위기를 만든다.

이처럼 인재를 보는 눈이 매의 눈처럼 탁월했던 이건희 회장의 선견지명이 입사시킨 인재를 키워서 전 세계 전자 분야를 좌지우지했다고 봐도 과언이 아닐 것이다.

이건희 회장의
기술 경영

SAMSUNG SAGA

　삼성그룹은 창업자인 호암 이병철 회장이 1938년 대구에서
삼성상회를 설립하면서 시작되었다. 창업자인 이병철 회장은 그
룹사훈을 사업보국, 인재제일, 합리추구로 정하고 이를 기반으로
삼성그룹을 키워나간다. 소비재 위주로 성장한 삼성은 1969년
미래사업의 먹거리는 '전자사업'이라는 기치를 세우고 사돈기
업인 금성사(현 LG전자)의 적극적인 반대에도 불구하고 일본 산
요와 합작으로 수원 외곽지에 40만 평을 매입해 삼성전자를 설
립했고, 일본 산요에서 100% 공급한 부품으로 TV를 생산해 판
매한다. 지금 시점에서 판단하면 기술변화의 라이프 사이클이

짧은 전자사업은 탁월한 인재들이 모여서 경쟁사보다 더 빠른 스피드로 사업아이템을 개발하고 생산해 고객들에게 판매해야 시장을 선점할 수 있다는 각도여서 기술 경영과 스피드 경영에 가장 적합한 사업이라고 필자는 판단된다. 따라서 필자의 판단은 삼성전자가 10년 이상 빠르게 창업한 금성사(LG전자)의 기술을 이긴 획기적인 TV를 개발한 것이 기술경영의 모토라고 판단된다.

1974년 4월에 당시 금성보다 한발 앞선 신기술로 개발 출시한 순간수상방식(Quick Start)의 TV가 원조라고 본다. 이 기술은 전원을 넣으면 곧바로 화면이 나오는 TV로 예열 시간을 없앰으로써 TV 수상기의 수명을 2.5배로 연장시킨 기술이다. 하루 5시간 시청을 기준으로 할 때 약 20%의 절전 효과를 보게 되어 이 같은 절전 TV는 1974년의 제1차 오일쇼크와 맞물려 고객들의 획기적인 호응을 얻게 되고 TV 시장에서 금성사의 굳건한 아성을 허무는 데 공로를 세운다. 드디어 1978년 말 국내 시장 점유율 40.1%를 차지하며 34.2%의 금성을 이기고 마침내 TV 시장 1위로 올라선다. 이후 이건희 회장은 LG전자를 경쟁사로 보지 않고 일본의 소니, 마쓰시타(현 파나소닉), 미국의 인텔 등을 벤치마킹하고 경쟁하면서 진정한 초일류 기업의 틀을 만들어 나간다. 또한 일본 선진 반도체 회사들이 3년 내로 삼성이 메모리 반도체를 개발하면 손에 장을 지지겠다던 일본 기업을 1983년 삼성은

6개월 만에 경기도 기흥단지에 반도체 공장을 초스피드로 건설하고 그 후 6개월 만에 또다시 64K DRAM 반도체 개발에 성공해 이게 사실이냐고 놀라움을 금치 못하던 일본 기업들의 콧대를 더욱더 납작하게 만든다.

이후 삼성은 박정희 대통령이 1966년 2월 10일 한국과학기술연구소를 설립해 국가과학기술을 신도하는 창조적 원전기술을 연구개발하고 씨를 뿌리는 기초를 다진 것처럼 기술 경영에 더욱더 박차를 가하기 위해 1986년 6월 27일 경기도 기흥에 미래혁신기술을 연구하는 삼성전자 중앙연구소인 삼성종합기술원(SAIT : Samsung Advanced Institude of Technology)을 설립해 삼성그룹 산하 기업체들이 필요한 기술인 에너지, 환경, 헬스, 나노기술 등 삼성에 필수적인 신기술사업과 융복합기술 및 기초기술 분야를 중점적으로 연구하게 만든다. SAIT는 표면탄성파 소자, 적층 세라믹콘덴서, 적색반도체 레이저 등을 비롯해 1993년에는 세계 최초로 D-VDR(그린레이저 사용)을 개발했다.

SAIT는 2010년부터 '신연구 분야'를 슬로건으로 삼고 '글로벌 최첨단 초일류 연구소의 도약'을 목표로 내세우고 연구소 단지 명칭을 '삼성리서치파크'로 변경해 오늘에 이른다. 그리고 3명의 직원 중 1명이 삼성을 떠나는 IMF 시절 구조조정 속에서도 SAIT는 오히려 이 기회가 경쟁사에서 나온 첨단기술을 보유한 인재를 보강할 수가 있다는 의미로 인력을 20% 충원해 삼성에 뿌리내린 '기술중시 경영철학'의 토대를 강화시킨다.

이건희 회장은 1987년 6월 삼성생명 연구소를 설립한 뒤 조직을 확대시키고 1991년 4월 민간경제연구소 개념의 삼성경제연구소로 전환시킨다. 미래를 예측하는 한 수 앞선 연구, 열린 연구, 경제현장연구를 표방하며 공공정책, 경영전략 및 재정문제 연구, 산업동향 및 사업환경분석, 정부 및 가계부문 컨설팅 등의 업무를 수행하면서 국내외 주요 경제지표 및 연구자료, 경기 관련 지표와 산업동향, 교역조건, 국제수지 통계자료, 주요 외국 경기 및 산업 생산지표 등을 제공함은 물론이고 최신경제지식과 정보를 담은 사이버 커뮤니티 'SREI.org'의 운영을 통해 삼성그룹의 경영전략제안 등 삼성그룹의 핵심 싱크탱크인 브레인 역할을 확실하게 수행하고 있다.

인원 구성도 전 세계 경제 분야 베테랑급인 박사 200여 명이 8개 연구실로 나누어서 각자 전문 분야에서 역할을 수행하고 있어 대한민국 정부 기관들도 삼성의 경제정책을 신뢰하고 국가경제정책의 어젠다로 적극 활용하고 있다고 필자는 판단한다. 필자가 보는 SAIT는 첫째로 인재와 기술을 바탕으로 기술인재육성과 기술우위 확보를 경영철학에 반영시키고 인재와 기술의 조화를 통해 경영 전반의 시너지 효과를 극대화시킨다. 둘째로 최고의 제품과 서비스 창출을 통해 고객에게 최고의 만족을 줄 수 있는 제품과 서비스 기술을 제공하고 동종회사보다 우월한 서비스 기술을 확보해 간다. 셋째로 인류사회에 공헌할 수 있도록 인류의 공동이익과 풍요로운 삶을 위해 기여하는 신기술 개발로 인류 공동체의 사명을 다한다. 즉 삼성의 양손 중 왼손에는 '인재양성'이 오른손에는 '기술중시'가 쥐여져 이 두 가지 양대축이 기술 경영의 기초가 되었다고 판단한다.

이건희 회장은 "R&D(연구개발)는 일종의 미래를 보는 보험이라고 판단하고 이를 제대로 시행하지 않는 것은 농부가 배가 고프다고 농지에 뿌릴 종자를 먹는 행위와 같다"고 임직원들에게 강조하며 적자가 나더라도 연구개발비는 최소 매출액의 10% 이상 올리라고 강조했다. 연구개발 기술자들의 수당도 추가로 신설해 기술경영중시의 풍토를 조성시킨다. 이는 삼성전자의 대표적인 CEO를 살펴보면 극명하게 드러나게 된다. 강진구, 권오현 회장을 비롯해서 이광호, 윤종용, 이기태, 신종균, 김기남, 윤부근, 최지성 부회장 등이 모두 전자공학을 전공한 기술자 출신들이기 때문이다. 이들이 삼성전자를 최첨단 기업으로 성공시킨 기업문화를 두 가지 키워드로 정리하면 '스피드 경영과 기술 경영'이라고 대답한다. 즉 첫째로 "반도체, 휴대폰처럼 시장변화가 빠른 제품일수록 신속하게 의사결정을 해줘야 기술을 선점하고 기술 트랜드를 선도할 수가 있다"며 삼성전자는 합의체 형태로 운영되는 일본 대기업들보다 의사결정이 빨라 시장을 선도해 나갈 수 있었다고 이구동성으로 말한다.

두 번째로 강조한 것이 기술 경영이다. 삼성전자는 임원들의 대다수가 전자공학과 출신의 기술자로 조직화되어 기술자를 우대하는 문화가 삼성전자의 장점이라고 본다. 이 같은 기업문화 때문에 기술인재를 스카우트할 때 국적과 비용을 가리지 않고 대상이 된 기술자들의 요구사항을 100% 반영시키고, 이들이 합류해 현재의 삼성전자의 최첨단 전자기술이 개발되었다고 필자는 판단한다.

2010년도에 이건희 회장은 경영방침으로 ① 세계 초일류 기업 도약 준비 ② 신수종 사업 발굴에 역량 집중 ③ 기술개발을 위해 자신과 경쟁하라 ④ 질 경영 성장 전략의 조화 추구 ⑤ 화합상생 위한 나눔경영실천 ⑥ 도전과 변화의 장애물을 제거하라고 전 임직원들에게 전달하면서 다시 한번 기술 변화에 유연하게 대처하라고 강조했다. 이는 지금 현재 기술에 만족하지 말고 끊임없이 신기술에 도전하려면 평소부터 차근차근 준비해야 가능하다는 광범위한 내용이 포함된 것이라고 본다.

언젠가 이건희 회장은 세계 최첨단 기술 제품들이 경쟁하는 뉴욕에 가서 "이곳의 최고급 소비자로부터 인정받아야 진정한 세계 최고의 제품이 될 수 있다"고 강조했다. 한국 독자기술로 개발해 통신 종주국이라 할 미국에 진출한 와이브로기술, 40나노 32기가 낸드 플래시 개발을 가능케 한 CTF(Charge Trap Flash) 기술개발, 세계 LCD TV 시장을 선도하는 보르도 TV 등을 기술 경영의 실체적인 결과물이라고 말했다.

　또한 유목민으로서 전 세계 최대의 제국을 통치했던 몽골제국의 칭기스 칸을 지칭하며 전쟁에서 승리해도 정복한 국가의 기술자들은 절대로 죽이지 말고 서로 상생하라고 지시한 예를 들면서 유목민들의 기술을 받아들이고 유목생활에 효용성 있는 기술을 개발해 말과 기수가 한 몸처럼 붙어서 초원을 달릴 수 있도록 했던 나무안장, 말을 타고 두 발로 디딜 수 있도록 하는 등자, 삼각 철화살 등이 모두 몽골인들이 개발한 신기술이라고 강조했다.

　이건희 회장은 기술 경영에 대해 "과거에는 기업을 경영하려면 돈, 사람, 설비, 기술이 필요했다. 그러나 지금은 시간이 새로운 경영자원으로 부각됐고 이것을 어떻게 초스피드로 활용하느냐가 기업경영의 근본이 되는 시대가 왔다"고 강조한다. 이 뜻은 반도체 개발 속도를 보면 정답이 나오게 되며, 시간을 잘 활용해서 경쟁사보다 빠른 시간에 신제품을 개발하고 출시해야 시장에서 생존할 수가 있다는 뜻이다. 이와 비슷한 예로 스마트폰도 분초를 아끼면서 개발하고 경쟁사보다 빠르게 신제품을 출시해야 현재 세계 1위 시장을 유지할 수 있다고 필자는 판단한다. 좀 더 구체적으로 부연 설명을 하면 휴대폰의 경우 평균 생존 라이프 사이클이 최저 10개월에서 최대 18개월로 사용 기간이 짧아졌기 때문이다. 네트워크와 IT 기술을 보면 사용 편리성 강화로 인터넷, 소프트웨어 기술발달이 다기능 고성능화되고, 제품 간 경계가 파괴되어 TV, 컴퓨터, 스마트폰의 차별화가 사라지고, 제품 외형의 차별화 신기술로 경박단소, 대형화(TV 등)가 가능한 신제품이 출시되었다고 본다.

따라서 고객들의 요구는 세밀해져서 세상에 없는 차별화된 신기술 제품, 다기능 고성능화된 제품의 출시를 원하고 있기에, 신제품 출시속도 경쟁이 불어올 것이고, 이에 따른 제품 라이프 사이클이 점점 더 짧아질 것이므로 신제품의 가격 하락과 제품디자인 변화도 급격하게 발생할 것으로 예상되어 기술개발의 주요 포인트로 NEW, SPEED, BEAUTY의 신용어가 탄생될 것으로 본다.

최근 미국 바이든 정부는 과학기술에 재투자함으로써 다시 세계를 주도해 미국이 새로운 규칙과 관행을 수립해야 한다고 강조하고 양자 컴퓨팅과 인공지능(AI)이 경제, 군사, 고용은 물론 불평등 개선에까지 도움을 줄 것이라고 표방했다. 이어서 과학기술정책실(OSTP : Office of Science and Technologt Policy) 실장을 장관급으로 격상하고 유전학자인 애릭 랜더 MIT 교수를 내정했으며, 중국의 시진핑 주석도 제14차 경제개발 5개년 계획에서 양자기술을 중심으로 한 AI와 반도체 기술개발을 가장 중요한 국가 과제로 삼으면서 과학기술 혁신이 국제 전략게임의 주요 전쟁터가 되었다고 선언한 것을 미루어 볼 때 과학기술의 중요성이 어느 때보다 강조되는 시기가 도래했음은 틀림없는 사실로 본다.

필자가 볼 때 삼성전자의 2021년 과제를 살펴보면 메모리 반도체 분야는 모바일/서버 수요 증가에 따른 상반기 내 업황 회복이 기대되나 환율 및 지정학적 리스크 따른 불확실성 상존 및 1Z나노 DRAM, 6세대 V-NAND 전환 가속화 기조 하락, 파운드리 분야의 선단공정 수요 적극 대응 및 HDC/네트워크/오토 등 응용 분야 다변화 지속 통한 미래성장 기반 구축이라고 본다. 스마트폰 분야는 5세대 스마트폰 시장확대 및 스마트폰 수요 회복에 맞춰 기술 차별화 강화 및 원가경쟁력 지속 강화 추진이다. TV 분야는 대형 QLED 디스플레이 적기 개발로 프리미엄 대형 TV 제품군 내 기반 조기 구축이다. 지난 12월 초 삼성전자 대표이사 승진을 보면 반도체 관련 기술 최고경영자인 김기남 부회장을 삼성종합기술원 회장으로 승진시킴으로써 미래 신기술개발의 중요성을 또 한 번 각인시켰다.

끝으로 이건희 회장의 알고(知), 행하고(行), 사람을 쓰고(用), 가르치고(訓), 평가하는(評) 다섯 가지는 기술경영자가 반드시 갖추어야 할 덕목임을 명심해야 하며 삼성맨들은 1년 전 고인이 되신 이건희 회장의 뜻을 받들어 향후 백 년 이상 지속시킬 세계 1위 초일류 삼성전자의 이름을 더욱 빛나게 해야 할 것이다.

CAHPTER 08

창의의 삼성을 만든
마하 경영

SAMSUNG SAGA

삼성그룹의 창업자 호암 이병철 회장의 뒤를 이어서 2대 회장
으로 1987년 취임한 이건희 회장은 취임 초 향후 10년 내로 삼성
전자를 초일류 기업으로 성장시키겠다는 위대한 포부를 선언하
면서 다가올 21세기를 차분하게 준비해 나간다. 그리고 1993년
독일 프랑크푸르트에서 "마누라, 자식 빼고 다 바꾸어야 삼성이
변한다"는 신경영을 선포한다. 이후 삼성전자는 수차례 체질개
선과 경영혁신을 거듭하면서 비로소 전 세계 전자회사 1위로 우
뚝 선다.

어린 시절부터 홀로 서는 고독한 시절을 해외에서 보내며 이

건희 회장은 한번 생각에 빠지면 밤새도록 한 방향으로 파고드는 습관이 자연스럽게 형성되었고, 이 습관은 향후 회장에 취임해서도 같은 모습을 보인다. 예를 들면, 본인이 관심이 가는 제품을 구매해서 분해하고 다시 조립하면서 제품에 대한 기술이나 성능을 누구보다 빠르게 파악한다. 이런 이건희 회장의 습관과 업무지시가 삼성이 반도체를 비롯해서 스마트폰 등을 경쟁사보다 한 수 빨리 개발하고 고객에게 출시하면서 세계 1위 시장을 유지하는 원동력으로 작동되었다고 필자는 판단한다.

2002년경 마하 경영의 화두를 던지고 4년이 지나서 이건희 회장은 2006년 그룹사장단 회의에서 재차 '마하 경영 강화'를 선언한다. 마하 경영이란, 제트기가 음속(1마하, 초속 340m)의 2배를 돌파하려면 설계도는 물론이고 엔진, 소재, 부품을 모두 바꿔야 하는 것처럼 삼성도 세계 초일류 기업이 되려면 현재에 만족하지 말고 현재의 체질과 경영구조를 근본적으로 개선해야 한다는 것이다. "한 치 앞을 내다보기 어려운 불확실성 속에서 변화의 주도권을 잡기 위해서 시장과 기술의 한계를 돌파해야 가능하다"고 변화를 재차 강조한다.

삼성그룹 마하 경영의 추진 방향은 첫째, 신사업 발굴로 신흥 시장에서 시장점유율 1위 선점을 위한 경영력 선택 집중, 둘째, 획기적인 신상품, 신기술 개발로 미래 시장 변화의 흐름 선도, 셋째, 경영 전 분야에 대한 총체적, 근본적 변화 추진, 넷째, 도전,

창의, 소통, 상생하는 기업 실현 등 4가지로 축약할 수가 있다. 달리 표현하면 기업이나 조직이 전혀 다른 환경에서 성공적으로 진입하기 위해 필요한 모든 것을 바꿔 가는 총체적 경영활동이라고 판단되며, 이런 변화에 대응하는 마하 경영의 성공 여부에 따라 삼성전자의 장기성장과 발전이 판가름 난다고 볼 수가 있다. 즉 격변하는 시장환경 속에서 삼성의 향후 20년을 책임질 수 있는 미래 먹거리(예 : 신소재와 바이오 분야 육성)를 준비해 나가라는 구체적인 경영 방향성과 그룹사를 책임지고 경영하는 사장단에게 재차 변화에 대비하라는 것으로 판단된다.

이건희 회장의 마하 경영을 이처럼 재차 강조한 이면은 현재 삼성이 21세기 세계 초일류 기업의 자리를 확고하게 다지기 위한 수성전략으로 현재 판매제품이 하나둘 한계에 부딪히고 있는 상황에서 신성장 동력으로 육성 중인 사업품목이 뚜렷한 성과가 나오도록 독려한 것으로 본다. 정보통신 발전에 따른 시간혁명, 산업업종 간 복합화로 시장경계 파괴와 글로벌 초경쟁으로 발생한 공간혁명, 인터넷 시대로 개방화된 네트워크와 스마트기기 활성화로 새로운 인류 가치 질서가 탄생함으로 예전과 다른 경영환경에서 잘나갈 때 심각한 위기의식을 갖고 미래의 씨앗을 뿌려서 대처하라는 지시로 볼 수 있다.

삼성은 마하 경영을 시행하기 위해 삼성SDI와 제일모직을 통합하고, 삼성이 강점을 지닌 완제품, 부품과 달리 취약 분야로

꼽히는 소재 부문을 집중육성해 경영한계를 돌파해야 한다는 이건희 회장의 생각이 반영된 사례이다. 뒤이어 삼성종합화학과 삼성석유화학의 합병으로 적자를 줄이고 시너지 효과를 올리게 된다. 특히 과거 양과 개선활동이 중심이었던 '관리의 삼성'을 삼성 1.0으로, 질과 혁신경쟁에 나섰던 '전략의 삼성'을 삼성 2.0으로 규정하고 이제부터는 품격과 창의성, 상생이 중심이 된 '창의의 삼성'이 삼성 3.0이 될 것이라고 지시하고 마하 경영을 왜 하는지를 주문하면서 뼛속까지 DNA를 변화하지 않으면 미래에 생존하지 못한다는 의미로 임직원들의 과감한 변화를 요구한다. 이건희 회장은 또한 마하 경영을 '글로벌 삼성'으로 초점을 맞추고 검색체제의 변화로 해외 지사에 근무하고 있는 임직원들이 손쉽게 검색하고 연락할 수 있도록 시스템을 바꾸고 '코어타임제'를 실시하며 전 세계 각 지사와 본사 간 협업을 통한 업무 질 강화를 재차 강조한다. 그리고 그룹사 지원 사례의 모범이 된 '삼성전자게임단'은 창설 초기 꼴찌에서 6개월 만에 전 세계 1위로 올라선다. 이 팀은 현재 e-sport인 '리그 오브 레전드' 세계랭킹 1위로써 이는 회사의 적극적인 지원이 있었기에 가능했다. 팀 내에 게임왕 출신인 삼성전자 공채 출신 사무국 직원들이 근무했고 이들은 각각 '에이지 오브 엠파이어' 레더와 '길드워 2' 월드챔피언십에서 우승을 하여 마하 경영의 모범사례로 불린다.

2013년 이건희 회장은 마하 경영을 1등 기업에 걸맞은 체질과 조직으로 혁신해야 한다는 의미로 한 단계 더 높인다. 음속돌파와 같은 경영혁신을 통해 이루어지는 목표는 '초격차'라고 말한다. 초격차는 2등이 따라올 수 없는 기술격차를 벌릴 때까지 안심해서는 안 된다는 것으로 기술과 마케팅에서 경쟁상대를 3년 이상 압도함으로써 기술격차를 현격하게 벌리겠다는 의미로 해석한다. 이건희 회장의 키워드는 삼성그룹이 경영혁신의 방법론으로 내세운 공유가치창출인 'CSV(Creating Shared Value)'다.

이는 마국 마이클 포터 하버드대 교수가 주장한 상생 경영이론으로 기업이 기부나 봉사활동 위주의 사회공헌에서 한발 더 진보하여 연계기업, 산업체 구성원, 취약계층 등 여러 사회적 구성원과 더불어 건강한 산업 생태계를 조성하고 비즈니스 핵심 경쟁력을 강화함으로써 지속 가능한 성장을 한다는 게 마하 경영 초격차 이론이라고 본다. 또한 CSV는 한발 더 나아가 신제품 프로젝트 수립단계에서부터 사회적 가치를 고려한다. 프로젝트 수립단계부터 이윤창출은 물론 사회적 가치가 포함돼 있다 보니 지속 가능성은 자연스레 따라온다. 예를 들면 진화된 CSR로 평가받는 '공정무역'을 살펴보면 가난한 농부가 재배한 농작물에 제값을 쳐주는 공정무역은 CSR(Corporate Social Responsibility : 기업활동에 영향을 받거나 영향을 주는 직간접적 이해 관계자에 대해 법적, 경제적, 윤리적 책임을 감당하는 경영기법) 관점에서 빈곤을 해결하는 선행의 의미이다. 반면 CSV는 농법을 개선하고 농부를 위한 지역협력과 지원체제를 구축하는 방법으로 농부들이 더 효율적이고 지속 가능한 방법으로 작물을 재배해 수확량을 늘리고 품질을 개선시키는 결과를 가져와서 소득의 파이를 늘려 간다는 것으로 삼성도 이런 사례를 활용하라고 주문한다.

CSV는 첫째, 새로운 관점에서 시장과 제품을 보는 것으로서 인도가 개발한 국민차 기업인 타타자동차가 개발한 2,500달러짜리 초저가 자동차 '나노'가 대표적인 예이다. 누구나 타고 다닐 수 있는 자동차 개발 출시로 국민 자동차 시장을 폭발적으로 늘려나간 것이다.

둘째, 원료 조달부터 제품의 생산 판매에 이르는 가치사슬의 과정을 재정의하는 것으로 버려진 폐방수전으로 명품 가방을 만드는 '프라이탁'이 그 사례다. 기존 기업들은 제품 생산 과정에서 환경을 오염시켰지만 프라이탁은 버려진 폐품으로 명품가방을 생산해 환경보호에 기여하고, 고객들은 구매한 가방품질에 만족했다. 프라이탁은 고객의 폭발적 증가로 떼돈을 벌게 되어 일석삼조 효과를 가져다주었다고 본다.

셋째, 클러스터를 활성화시키는 것으로 글로벌 식품기업 네슬레는 아프리카와 남미에 커피클러스터를 조성해 가치를 창출한다. 네슬레는 클러스터에 농가들을 입주시키고 고품질의 커피를 재배할 수 있도록 교육하고 필요한 자금도 지원한다. 그 덕분에 농민들은 소득과 경쟁력이 높아져서 네슬레는 고품질의 원두를 저렴한 가격에 안정적으로 공급받아 판매함으로써 세계 1위 커피회사로 거듭나게 되는 성과를 이룬다. 삼성전자가 발표한 마하 경영의 자료를 보면 1부 '한계의 발견, 문샷 싱킹'을 제목으로 달나라에 가는 것이 1960년대 무모한 도전으로 보였지만 미국은 과감한 도전을 통해 성공했으므로 삼성도 고정관념을 깨고 SF영화에 나올 법한 상황에 과감하게 도전하라는 것이다. '독일의 혁신, 버리고 시작한다'는 제목은 경쟁사들이 생산 단가를 낮추는 혁신에 환경비정부기관(Enviromental Non Govermental Organization) 활동을 한 폭스바겐은 생산혁신이 아니라 설계혁신을 이뤄내며 환경보호정책의 규칙을 바꿨다는 내용이 나온다.

넷째, '누가 게임체인저가 되는가'라는 타이틀로 카셰어링 업체인 지프카 사례를 들면서 차를 소유하는 게 부의 상징을 의미한다는 전통적인 생각을 혁신시켜 자동차를 공유하는 것이 경제적으로 더 이득이 된다는 점이다.

다섯째, 에린 조 미국 뉴욕 파슨스대 전략디자인경영학과 교수와 삼성SDS 임직원의 브레인스토밍을 디자인한 내용, 미국 실리콘밸리의 플러그앤 플레이테크센터의 변화와 공유가치창출 사례를 소개한다.

여섯째, '삼성, 진심으로 혁신하고 계십니까?'를 주제로 수많은 초기 아이디어가 세상과 시장의 변화를 이끌어내기 위해서 도전하는 미국 실리콘밸리의 플러그앤 플레이테크센터의 사례

를 보여주면서 공유가치 창출이란 의미의 피날레을 보여주고
있다.

  결국 이건희 회장의 마하 경영은 변화의 물결이 점점 거세지
는 현시점에서 변화의 물결을 거부하고 현재 세계 1위의 제품에
만족하면, 한순간에 판단 착오로 몰락한 노키아와 모토로라, 소
니처럼 될 수도 있으니 삼성 임직원들은 항상 위기의식으로 중
무장하고 현재의 제품은 10년 이내에 없어질 것으로 여겨 변화
된 새로운 생각과 인식으로 신제품을 발굴하여 업무를 추진해
나가야만 향후 100년이 지나도 삼성은 세계 전자회사 1위를 유
지할 수 있다고 필자는 판단한다.

삼성의
시나리오 경영

SAMSUNG SAGA

시나리오 경영은 갈수록 불안감을 더해 가는 경영환경 속에서 위험요인을 최소화하기 위해 강구하는 경영기법으로 알려졌으며, 불확실한 미래의 경영환경의 변화를 최대한 잘 예측하여 향후에 일어날 것이라 예상되는 변화과정을 시나리오로 그려 대안을 마련하고 미래에 발생할 수 있는 각각의 상황에 따라 미리 준비한 대안으로 경영환경이 신속하게 변화하더라도 이에 대한 대책을 미리 세워야 한다는 전략으로 시작된다. 항상 경영여건이 좋아도 위기라고 강조한 이건희 회장은 갑자기 1996년 삼성그룹의 신년사에서 '시나리오 경영'을 화두로 꺼내며 강조하고 여러 상황을 가정해 각각에 맞는 최적의 대비책을 세우라고 지시하면서 국내 상황에 널리 알려진다.

시나리오 경영은 불확실한 경제 요건, 기업에 미치는 영향과 기업 대응책을 각종 형태의 시나리오로 작성하는 것으로 본다. 예를 들어, TV 드라마 등에서 선택의 변수가 다양할 때 각가의 경우에 맞추어 여러 가지 상황을 플랜A, 플랜B, 플랜C로 상정해 보고 경영을 시행하자는 취지로 볼 수 있다. 특히 삼성은 여러 가지 시나리오를 구축해서, 그에 따라 신수종 사업이나 제품 개발전략을 조정해 나가고 있으며 대표적인 것이 '블루레이 전략'이다. DVD 시대 이후에 과연 어떤 것이 차세대 저장장치가 될지 예측 불가능한 상황 속에서 HD DVD와 블루레이가 있었는데 삼성은 일단 두 개의 기술에 과감하게 투자를 했고 일정 시점에 블루레이 쪽으로 힘의 균형이 몰리자 그쪽으로 올인해서 성공한다. 이런 시나리오 경영은 일본에서 상당히 진척되어 왔으며, 삼성은 21세기 일본 전자산업의 시나리오를 예측하고 작성해서, 국내 반도체, 컴퓨터 등 주력산업의 몰락이나 성장, 후퇴 등에 대책을 수립하라고 이건희 회장은 지시한다.

스포츠 경기를 예로 들어, 올림픽 금메달 효자 종목인 쇼트트랙 경기에서 감독은 선수들 컨디션에 맞추어 작전인 플랜A를 이용해 스타트부터 선두에 나서지 않고 기회를 보다가 마지막 한 바퀴에 온 힘을 다해 치고 나와서 경쟁자를 이기고 1위로 들어오기도 하며, 유도 경기도 계속 밀리면서 힘을 아끼다가 10초를 남기고 한판승으로 상대를 물리친다. 프로야구에서 야신(야구의 신)이라는 별명을 가진 김성근 감독은 각종 통계를 기반으로 철저하게 작전을 짜는 분으로 최하위 전력의 쌍방울레이더스를 연속으로 한국시리즈에 올렸고, SK 감독 시절 한국시리즈를 3연패 한 분이며, 축구의 히딩크 감독은 경기마다 적소에 알맞은 작전으로 한국 축구를 월드컵 4강에 올린 분으로 스포츠는 짜여진 각본 없는 드라마로 비유되기도 한다.

회사 경영에서의 시나리오는 정답을 보여주기보다는 그 시나리오하에서 최적의 정답을 찾아가도록 개인과 조직에게 기회를 주는 것이며, 혹 실패를 하더라도 더 큰 실패를 하지 않도록 어느 선에서 미리 막아주는 역할을 한다. 즉 시나리오 경영을 하려면 기업 대표들이 불안감을 해소하기 위해서 차선의 대안에 대해 시나리오를 항상 준비해야 한다고 본다. 다른 각도로 보면 시나리오 경영은 "5년 내지 10년 앞을 내다보고 시나리오를 짜서 모든 상황을 준비하는 기회 선점형이 되지 않는다면 기업은 존재하지만 이익은 내지 못하는 기업으로 전락할 수도 있다"는 판단을 하고 미리 대비책을 준비하라는 것으로 기업 경영에 최고의 전략수립이라고 본다.

이건희 회장은 지난 40여 년간 시나리오 경영기법을 처음으로 도입하여 효과를 보고 있는 석유, 천연가스, 석유화학 제품 등의

브랜드인 네덜란드 에너지 기업 로열더치쉘(Royal Dutch Shell : 다양한 아이디어를 구체화하고 그것들을 상호 소통 가능하고 유용하게 통합하려는 미래에 관해 신중히 구성한 전략으로 미래의 불확실성과 현재 취해야 하는 결정을 연결한 회사임)를 벤치마킹하면서 미리 대비한 효과로 세계 7위의 회사가 2위로 올라섰다고 강조하며, 로열더치쉘의 시나리오 성공 사례를 설명한다.

1. 장수기업 분석으로 미리 위기 대치하는 시나리오 경영 콘셉트 수립

2. 위기 대비 시나리오 작성은 위기 발생 시 나타나는 현상을 미리 리스트로 작성

3. 오일쇼크 가능성 미리 감지로 260여 개 사업부로 사업 권한 위임, 자율경영 시행

4. 1차 오일쇼크 발생 시 미리 대비한 전략으로 위기를 극복하고

세계 7위에서 2위로 급부상했다고 강조하면서 시나리오 플래닝 프로세스를 정착시키라고 지시한다.

이를 상세하게 풀어 보면 다음과 같다.

1. 시나리오 방향 설정 : 핵심 이슈 파악('어떠한 문제를 해결할 것인가? 어떤 의사결정을 해야 하는가?'를 정하는 것)과 시나리오 설정(시간 범위, 지리 범위, 시나리오 테마 결정)
2. 의사결정 요소 파악 : 핵심 이슈에 대한 의사결정을 내리기 위해 무엇을 알아내야 하는지 밝힘
3. 환경 요인 파악 : 시나리오 플래닝 전 과정에서 가장 많은 시간과 노력이 필요하며, 환경 파악에 인용되는 거시적 환경요소인 PEST(Political, Economic, Social and Technological Analysis) 분석과 마이클 포터의 5 Force(기존 경쟁자, 잠재적 경쟁자, 대체재, 공급자의 교섭력, 구매자의 교섭력) 분석을 사용하여 의미 있는 환경 요인을 찾아내고 관련된 모든 정보를 확인하여 그 의미를 이해하는 중점을 두는 것으로 크게 보면 3개로 나누어진다.

1. 환경의 어떠한 요인이 의사결정 요소에 영향을 미칠 것인가에 대한 답을 찾아내라.

2. 여러 가지 정보원으로부터 경영환경변화의 단편을 빨리 찾아 내어 이를 의미 있게 그룹핑하라.

3. 각 환경 요인들이 서로에게 미치는 영향력과 의존도를 파악 하기 위한 Cross Impact 분석을 잘 활용하여 핵심 경영환경 을 도출하라.

4. 시나리오 도출 : 파악한 핵심 경영 환경 요인을 기반으로 시나 리오 밑바탕과 골격을 형성하라.

5. 시나리오 작성 : 시나리오 골격과 트랜드를 바탕으로 상상력 을 최대한 발휘하여 미래를 예측하라.

6. 대응 전략 최종 수립 : 시나리오별로 가장 최적인 전략 대안이 무엇인가를 판단하기 위해 발생 가능성, 모든 시나리오 고려, 위험감수 정도, 최적의 시나리오 고려 등을 판단하여 여러 가 지 대응책 중 최적의 전략 대안을 선택할 것이라고 본다.

삼성의 시나리오 경영을 면밀하게 살펴보면

1. 국내 시나리오 경영 선발회사로 삼성전자를 결정한다 : 이건 희 회장이 1996년 경영 화두로 중요성 강조 이후 각 계열사 (삼성전기 등) 시나리오 대응 방안 준비함.

2. 시나리오 경영의 출발점은 삼성경제연구소로 한다 : 주요 추 세 분석, 주요 어젠다 설정 및 경영 활동에 필요로 하는 각종 정

보 제공.

3. 삼성경제연구소와 협력하여 경제 전망과 동향 예측하며 운영
할 것.

4. 기업 내에 경영전략 담당 부서 신설 배치(조직구조 반영 등)로 볼
수 있다.

이를 토대로 삼성전자의 시나리오 경영을 살펴보면 ① 경제연구소에서 가이드라인 제시 ② 각 사업부에서 사업계획서 마련 ③ 사업계획 취합 조정 ④ 변수에 대응하는 시나리오 사업부별로 준비 ⑤ 각 사업총괄 중장기 계획 아래에서 사업계획과 로드맵 재설정 ⑥ 1차 로드맵, 세부 로드맵 계획 중복체크 ⑦ 시나리오 전사 시스템과 연통하여 미세 조정 ⑧ RM팀과 경영기획팀 지원하에 시나리오 최종 운영 등이다. 이러한 시나리오 전략 습관이 몸에 와닿게 하기 위해서는 다양한 시각과 의견을 받아들이는 자세가 필요하고, 그러한 토론에 반드시 핵심 경영진이 참여해야 하며, 내려진 총합 결론에 대해 또다시 끊임없이 의문을 던지고 도전하는 것이 필요하다.

삼성전자의 시나리오를 다른 각도에서 살펴보면 시나리오 경영 성공 요인으로 7가지를 든다. ① 전략지능 ② 환경 대응성 ③ 대응체제 및 방식 ④ 프로세스 능력 ⑤ 전개 능력 ⑥ 자원 능력 및 확보 능력 ⑦ 리스크 대응 능력 등이다. 지난 2021년도 코로나

위기에도 불구하고 삼성전자의 매출을 279조 400억으로 전년
도 매출 236조 8,100억 대비 17.83% 증가했고 영업이익도 51조
5,700억원으로 전년 35조 9,900억원 대비 42.29% 상승했으나,
삼성전자를 둘러싼 복합 위기 요소 및 코로나 19에 따른 글로벌
경제 불안, 미국과 중국의 무역분쟁으로 수출에 대한 불확실성
증대, 반도체 도전 플랜 수립, 각종 재판 수사 등에 따른 법무조
직의 일시적인 부담 등 위험성은 산재해 있다. 또한 일본의 수출
규제로 공급망 혼선도 발생한 만큼 삼성전자는 일본 의존도가
높은 품목에 대한 시나리오를 작성해서 시행해야 할 것이다.

CAHPTER 10

삼성의 엄격한
준법 경영

SAMSUNG SAGA

삼성그룹은 창업자인 호암 이병철 회장이 무노조 경영을 근간으로 하여 성장하여 전자사업 분야에서 국내 1위는 40여 년 전에 달성하고 현재는 세계 1위 최첨단 전자회사로 성장하여 해외 경쟁사들의 벤치마킹은 물론이고 여러 분야에서 치열한 도전을 받고 있다. 이런 배경에는 삼성전자가 메모리 반도체사업과 스마트폰을 성공시키고 매출이 본격적으로 증가하면서 시작이 되었다고 본다.

필자가 삼성전자에 근무 시 사내적으로 법제화되어 있는 규칙이 있었는데 사회법 위반 임직원은 즉시 퇴사시키고 법의 엄중한 처벌을 받게 함은 기본이고, 갑과 을 관계로 부득이하게 '을' 사와 식사를 할 경우 지금의 금액 기준으로 2~3만 원 정도 미만의 식사는 허용하되 이것도 가능하면 화장실에 다녀온다고 핑계를 대고 '을'이 눈치 못 채게 카운터에 가서 재빨리 결제를 하라고 할 정도로 삼성의 윤리 경영은 엄격했었다. 1년에 몇 번은 '을'로부터 접대(향응)나 금품수수로 인하여 발각이 되면 사내 TV 방송에서 익명으로 방송을 하여 전 임직원들에게 경각심을 갖게 함은 물론 당사자에게 인사상 불이익을 주어서 창피함을 더 당하기 전에 본인 스스로 알아서 사표를 쓰고 나가는 것이 삼성의 사내 법적인 경영이어서, 간이 큰 임직원이 아니고서는 이런 행위를 하는 분들은 거의 없었다고 장담한다. 단, 예외사항은 회사 업무를 위해서 바이어에게 접대를 할 경우 사전에 윗분의 구두 결재를 받고 처리하면 금액에 상관없이 100% 인정을 받고 결재를 해 주었다.

어느 날 갑자기 삼성그룹 최초로 서울지검 특수부 검사로 근무했던 경력으로 삼성으로 스카우트되어 삼성의 구조조정본부에서 법무팀장(전무급)으로 1997년부터 2004년까지 근무한 김용철 변호사가 천주교 정의구현전국사제단에서 양심 고백을 하면서 그야말로 삼성그룹은 커다란 폭풍을 만나 좌초되기 일보 직전인 긴급상황이 발생된다. 필자의 개인 소견이지만 삼성의 전무로 7년간 근무하면서 받은 급여만 70억 정도는 되었을 것으로 보는데 회사 비밀을 철저하게 지켜야 할 법무팀장이 대한민국 경제발전 및 삼성그룹에 큰 피해를 준 것은 자명하다. 이 사건으로 이건희 회장은 법적으로 집행유예를 선고받고 대국민 사과와 더불어 삼성회장직에서 물러나게 된다.

하지만 동계올림픽 유치에서 두 번 실패한 대한민국은 그 당시 대통령인 이명박의 특별사면으로 법의 굴레에서 벗어나게 되었고, 이명박 대통령이 사면 조건으로 내세운 평창올림픽 유치에 불편한 몸인데도 불구하고 170일간 지구를 수차례 돌면서 각국의 IOC위원을 만나 평창유치에 협조해 달라고 간곡하게 부탁한 덕분에 2018년 동계올림픽 개최 권리를 얻고 성공리에 올림픽을 개최한다. 이후 이건희 회장은 삼성전자 경영에 집중해 삼성전자의 성장에 큰 기여를 하다가 갑자기 2014년 5월 발생한 급성심근경색으로 삼성의료원에서 긴 투병 끝에 2020년 10월 25일 별세를 한다.

이건희 회장 투병 중 사실상의 삼성전자의 오너 역할을 수행하던 이재용 부회장은 박근혜 정부 시절 국정농단 혐의를 받고 구속 중인 최순실의 딸 정유라의 훈련용 말 3필을 무상 제공한 혐의로 재판 중 대다수의 국민들의 의도와 다르게 2017년 8월 25일 법정구속을 당하는 최악의 상황이 발생한다. 재판 이후 삼성은 위에 잠깐 언급한 내용을 뛰어넘는 파격적인 준법 경영과 윤리 경영에 대해 주력 계열사별로 매뉴얼을 제작하여 배포하고 임직원들에게 교육을 한다. 당시 삼성전자 김기남 부회장(현 삼성기술원 회장)은 "지속 가능 경영의 근간이 준법, 윤리 경영임을 뼛속 깊이 인식하고 있다"면서 "조직 전반에 준법문화가 더욱 깊이 뿌리 내리도록 글로벌 반부패 및 뇌물방지 정책을 개정했으며, 외부에 별도의 독립조직으로 설치된 준법감시위원회(차후 상세설명 별도)와 함께 회사와 최고경영진의 준법의무 위반 리스크를 철저히 관리하겠다"고 선언한다. 이에 따라 2018년도는 협력사 노동 관행에 대해 세부 목표로 협력사 사업장 아동고용 철폐, 2019년도는 노동 관행과 인권개선, 2020년도는 윤리경영 및 컴플라이언스팀을 CEO 직속조직으로 변경해 독립성 강화는 물론이고 독립적인 외부 감시 기구인 '삼성준법감시위원회'를 출범시킨다. 그리고 삼성은 인재와 기술을 바탕으로 최고의 제품과 서비스를 창출하여 인류사회에 공헌하는 '글로벌 초일류 기업'을 지향해 나간다. 이를 위해 인재제일, 최고지향, 변화선도, 정도경영, 상생추구를 모든 삼성인이 공유하고 지켜야 할 핵심가치(Samsung Value)로 삼자고 다짐한다. 좀 더 상세하게 풀이하면 다음과 같다.

1. 법과 윤리를 준수하여 나간다.
❶ 개인의 존엄성과 다양성을 존중한다.
• 모든 임직원의 기본적인 인권을 존중한다.

- 강제노동, 임금착취 및 어린이노동은 어떠한 경우에도 허용하지 않는다.
- 고객, 종업원 등 모든 이해관계자에 대해 국적, 인종, 성별, 종교 등에 따른 차별을 하지 않는다.

❷ 법과 상도의에 따라 공정하게 경쟁한다.
- 국가와 지역사회의 각종 법규를 지키고, 시장경쟁 질서를 존중하며 정당한 방법으로 경쟁한다.
- 상도의에 벗어난 부정한 방법으로 부당한 이득을 취하지 않는다.
- 사업활동에 있어서 대가성 선물이나 금품, 향응을 주고받지 않는다.

❸ 정확한 회계기록을 통해 회계의 투명성을 유지한다.
- 모든 이해관계자들이 사업활동을 객관적으로 이해할 수 있도록 회사의 모든 거래를 정확하게 기록하고 관리한다.
- 각국의 회계 관련 법규 및 국제적으로 통용되는 회계기준을 준수한다.
- 법이 정하는 바에 따라 회사의 재무적 변동 등 경영상의 주요사항 및 기업정보를 성실하게 공시한다.

2. 깨끗한 조직문화를 유지한다.
❶ 모든 업무활동에서 공과 사를 엄격하게 구분한다.

- 회사와 개인의 이해가 상충하는 경우, 회사의 합법적 이익을 우선으로 한다.
- 회사의 재산과 자신의 직위를 이용하여 사적인 이익을 도모하지 않으며, 회사 자산의 횡령, 유용 등 일체의 부정행위를 하지 않는다.
- 직부상 취득한 정보를 이용하여 주식의 매매 등 유가증권에 관한 거래를 하지 않는다.

❷ 회사와 타인의 지적 재산을 보호하고 존중한다.
- 내부의 지적재산, 기밀정보는 사전허가나 승인 없이 외부에 유출하지 않는다.
- 타인의 지적재산을 존중하여 무단사용, 복제, 배포, 변경 등 일체의 침해행위를 하지 않는다.

❸ 건전한 조직 분위기를 조성한다.
- 성희롱이나 금전거래, 폭력 등 건전한 동료 관계를 해치는 일체의 언행을 하지 않는다.
- 상호 신뢰와 원활한 의사소통을 바탕으로 공존공생의 노사관계를 구축한다.
- 조직 내 위화감을 야기하는 파벌을 형성하거나 사조직을 결성하지 않는다.

3. 고객, 주주, 종업원을 존중한다.

❶ 고객만족을 경영활동의 우선적 가치로 삼는다.

- 고객의 요구와 기대에 부응하는 제품과 서비스를 적기에 제공한다.
- 진실한 마음과 친절한 태도로 고객을 대하며, 고객의 제안과 불만을 겸허하게 수용한다.
- 고객의 명예와 정보를 존중하고 보호한다.

❷ 주주가치 중심의 경영을 추구한다.

- 합리적인 투자와 경영효율 향상 등을 통해 주주에게 장기적 이익을 제공한다.
- 건실한 경영활동을 통하여 안정적인 수익을 창출하고 기업의 시장가치를 제고한다.
- 주주의 권리와 정당한 요구 및 의사를 존중한다.

❸ 종업원의 '삶의 질' 향상을 위해 노력한다.

- 모든 종업원에게 동등한 기회를 제공하고 능력과 성과에 따라 공정하게 대우한다.
- 종업원들의 끊임없는 자기계발을 권장하며, 업무 수행상 필요한 역량 향상을 적극 지원한다.
- 자율적이고 창의적으로 일할 수 있는 근무환경을 조성한다.

4. 환경, 안전, 건강을 중시한다.

❶ 환경친화적인 경영을 추구한다.

- 환경보호와 관련된 국제기준, 관계법령, 내부규정 등을 준수한다.
- 개발, 생산, 판매 등 모든 사업활동에서 환경보호를 위해 부단히 노력한다.
- 자원의 재활용 등 자원의 효율적 사용에 앞장선다.

❷ 인류의 안전과 건강을 중시한다.
- 안전과 관련된 국제기준, 관계법령, 내부규정 등을 준수한다.
- 안전수칙을 준수하고 쾌적한 근무환경을 조성하여 안전사고를 예방한다.
- 인류의 건강과 안전에 해를 끼칠 수 있는 제품이나 서비스를 제공하지 않도록 노력한다.

5. 글로벌 기업시민으로 사회적 책임을 다한다.

❶ 기업시민으로서 지켜야 할 기본적 책무를 성실히 수행한다.
- 지역사회의 일원으로 책임과 의무를 다하여 회사에 대한 신뢰를 높이도록 노력한다.
- 안정적인 고용창출을 위해 노력하며 조세 납부의 책임을 성실하게 이행한다.

❷ 현지의 사회 문화적 특성을 존중하고 상생을 실천한다.
- 지역사회의 법, 문화와 가치을 존중하고 지역사회의 삶의 질 향상에 기여한다.

- 학문과 예술, 문화, 체육 등 각 분야의 공익활동을 통해 건전한 사회발전을 도모한다.
- 자원봉사, 재난구호 등 사회봉사활동에 적극 참여한다.

❸ 사업파트너와 공존공영의 관계를 구축한다.

- 사업파트너와 상호 신뢰의 기반 위에서 호혜적인 관계를 형성하고 사업피트너를 전략적 동반자로 인식한다.
- 합법적 지원을 통해 협력회사의 경쟁력을 강화하고 공동의 발전을 추구한다.

또 한편 법원의 취지에 따라서 '삼성 준법감시위원회'를 발족시키면서 이재용 부회장이 직접 나서서 삼고초려 끝에 진보성향의 대법관 출신인 김지형 위원장이 2020년 2월 5일 취임한다. 취임 조건은 완전한 자율성과 독립성을 가진 위원회 운영에 관해서 정말 확실하게 보장한다는 것으로 되어 있다. 예를 들면, 삼성 관계사의 대외후원금 및 내부거래 안건을 독립적으로 검토할 수 있는 권한을 갖고 우편, 이메일 등 별도의 제보 채널을 통해 관계사의 준법위반에 대한 신고를 받는 것이다. 1기 삼성준법위는 이재용 삼성전자 부회장의 자녀 경영 승계 포기, 무노조 경영 철폐 등을 이끌면서 '글로벌 1위 기업'에 걸맞은 준법경영 문화를 안착시켰고 '무엇보다도 최고경영자의 확고한 의지가 견인해 조직이나 제도를 제대로 구축하면서 궁극적으로 컴플라이언스 문화를 확산해 저변을 다져서 지속성을 확보하고 감시대상이 계열사 임직원뿐만 아니라 최고경영진과 그룹총수도 포함한 점은 진일보한 부분'이라면서 '지배주주와 최고경영진에 대해 준법감시를 얼마나 실효성 있는지가 준법위 평가의 척도'라고 판단된다.

더 나아가서 풀어야 할 과제로 ① 풀뿌리 컴플라이언스 조직과의 연계 및 정비 ② 내부 자진신고에 대한 처리 절차와 관련 규정 정비 ③ 제도 운영과정에서 내부 조직과의 관계 설정 등이다. 그리고 삼성준법위의 특징은 조직구성과 운영이 독립성 담보를 위해 외부 명망가를 위원으로 위촉하였고 7명의 위원중 위원장을 비롯한 6명이 삼성에 비판적인 외부인사로 구성된 점, 위원회 설치 및 운영에 관한 규정을 별도로 제정하고 위원들의 업무를 지원하는 사무국을 별도로 설치하여 공정한 운영을 한 점이다.

2022년 출범하는 삼성 2기 준법위는 이찬희 전 대한변호사협회 회장이 위원장으로 취임하면서 "객관성과 독립성을 잃지 않고 주위 관계자들과 항상 소통하면서 2기 위원회를 안정적으로 운영할 것이며 삼성의 준법문화 정착에 이 한 몸 던져서 기여하겠다"고 약속했다. 이재용 부회장의 경영 승계 포기 후 향후 발생할 수 있는 삼성그룹의 안정적인 지배구조 개편에 초점을 맞추고 활동할 것으로 보여져, 1기보다는 더욱더 진척된 위원회 활동이 되어서 세계 속에 최첨단 기업으로 우뚝 선 삼성전자의 발전에 큰 도움을 줄 것으로 믿는다.

CAHPTER 11

자율 경영의
진정한 의미

SAMSUNG SAGA

자율경영에 대한 지시는 1991년 12월 말 이건희 회장 주재로
그룹 관계사 부사장급 60여 명이 참석한 자리에서 1991년 경영
실적을 평가하고 1992년 경영계획을 수립하는 연말 사장단회
의에서 기원이 되었다고 판단되며, 이날 회의에서 이건희 회장
은 그룹경영 방침으로 ① 자율경영의 능동적인 실천 ② 고효율
의 견실한 경영 추구 ③ 새로운 삼성의 기업상 구현 등으로 결정
을 하고 시행에 들어간다. 당시 이건희 회장은 "내년에는 경영환
경이 더욱 어려운 만큼 경쟁력이 없는 사업은 과감하게 정리하
고 키워야 할 사업 부문에는 경영력을 집중시키는 등 사업구조

의 재정비를 통해 강인한 기업체질을 갖추라"고 강조한다. 또한 이건희 회장은 "자율 경영이 삼성의 기업문화로 뿌리내리도록 경영진들이 선두에 서서 솔선수범해 나가라"고 강조한 것이 자율 경영의 시발점이라고 판단된다.

좀 더 상세하게 들여다보면 각사의 최고경영자들이 책임을 지고 사업 부문을 이끌어 나가도록 업무 관련 권한을 최대한 과감하게 위양시켜 매출과 이익의 두 마리 토끼를 잡을 수 있도록 잘 관리해 가고, 긴급을 요구하는 중요사항이나 미래 먹거리사업 등에 한하여 회장에게 보고하고 결재를 받아 투자를 실천해 가는 것이 자율경영의 진정한 의미이다. 하지만 1959년 창업주 이병철 선대회장이 설립한 삼성비서실은 회장 직계 조직으로 운영되었고, 비서실장은 삼성의 2인자 역할을 하면서 각 계열사의 경영과 사업항목에 대한 감사는 물론이고, 수시 때때로 비서실의 담당자가 직급에 관계 없이 자료를 만들어 보고할 것을 현업부서에 요구하면 거의 대부분의 사업부 담당자들은 아무리 바쁜 일이 있어도 거부를 못하고 주어진 시간 내로 보고서를 작성하여 비서실로 보내 주었기 때문에 이건희 회장이 원했던 자율 경영은 제대로 시행되지 못하고 반쪽짜리 경영을 한 것이 사실이다.

1997년 외환위기를 맞자 비서실은 구조조정본부로 변경되었고, 이에 따라 삼성전자도 대대적인 구조조정을 통해 분사와 매각을 단행하며 조직을 슬림화했으나 주력사업인 반도체와 휴대폰 분야는 과감한 선투자로 향후 이 분야는 삼성전자 매출의 대부분을 차지하면서 막대한 이익을 발생시킨다. 이후 2007년 삼성비자금 사건이 발생하자, 불가피하게 이건희 회장의 일선 퇴진과 동시에 구조조정본부 조직을 전략기획실로 축소하여 운영하다가 2010년 사면과 함께 이건희 회장은 업무에 복귀하면서 조직을 미래전략실로 변경했다.

하지만 박근혜 정부 시절 최순실의 국정농단 사건이 터지자 특검이 시작되었고, 불구속으로 재판을 받던 이재용 부회장이 2017년 2월 17일 구속영장을 받고 갑자기 구속되어 2심 재판을 받고 집행유예로 2018년 2월에 풀려 나올 때까지 1년간 교도소에서 지내는 최악의 사건이 발생한다. 이재용 부회장의 구속 기간 동안 대한민국 각계각층의 탄원서 제출과 경제단체의 호소 등으로 이 부회장이 가석방으로 풀려나올 시점까지 삼성의 계열사들은 본격적으로 이사회 중심으로 자율 경영에 들어간다.

구속 후 이재용 부회장은 삼성그룹의 컨트롤타워 역할을 하던 미래전략실(구 비서실) 해체를 공식 선언하고 삼성의 획기적인 쇄신에 들어간다. 쇄신안에 맞추어 서초동 삼성사옥에 있는 미래전략실을 즉시 폐쇄하고 매주 수요일마다 열리는 사장단 회의는 물론 연말 CEO 세미나와 자랑스런 삼성인상 등 그룹 차원의 행사도 폐지한다. 그리고 미래전략실 해체를 통해 전략과 기획, 인사지원, 법무 등 그룹의 컨트롤타워 역할을 없앴고 각 계열사는 앞서 설명한 대로 이사회를 중심으로 자율경영을 강화하여 나간다. 즉 그룹 컨트롤타워가 사라짐으로써 계열사마다 독자경영, 각자도생하는 방식으로 자연스럽게 전환이 되면서 경영환경도 바뀌게 된다. 따라서 삼성의 진정한 자율 경영시대가 열리면서 계열사 이사회가 조직개편을 통해 사장단을 선임하고 실질적인 사업전략 구성과 현안을 처리한다.

자율 경영시대가 열리면서 삼성 각 계열사는 이사회 기능을 대폭 강화했고 과거 그룹이 주도했던 최고경영자 선임을 비롯해 주요 경영현안은 이사회에서 자율적으로 결정하게 되었다. 좀 더 자세히 설명하면 이사회와 주총 의결을 거쳐 인사와 투자 등 경영사항을 스스로 결정하는 것이 자율경영의 핵심요소이다. 또한 이사회 산하에 경영위원회(사내이사로 구성)를 설치하여 각사의 전략과 중장기사업계획, 사업구조조정 추진, 임직원 급여체계 등을 심의하고 결정하면서 실질적으로 사업전략을 수행하는 역할을 한다. 이에 따라서 각 계열사가 사장단과 임원인사를 맡으면서 각 계열사 이사회 내 CEO추천위원회 등을 신설하게 된다. 그리고 이사회에 참여하는 사외이사의 참여 범위를 넓혀 투명한 이사회를 운영한다. 각 계열사 사내이사들의 전문성이 부족한 부문은 사업영역에 맞는 저명한 인사를 영입해 더욱 투명하고 획기적인 자율경영을 하게 된다.

삼성전자의 경우 이사회는 사내이사 4명, 사외이사 5명 등 9명으로 구성돼서 이사회를 통해 최종 의사결정을 하는 방식으로 변경된다. 이재용 부회장은 본인 소유의 주식과 관련해 큰 그림을 그리면서 전자계열은 삼성전자를 중심으로 삼성디스플레이, 삼성전기, 삼성SDS, 삼성SDI를 한곳으로 엮은 '삼성전자 사업지원 TFT', 비전자 계열은 삼성물산을 구심점으로 삼성중공업, 삼성엔지니어링, 삼성바이오로직스, 삼성바이오에피스, 삼성웰스토리를 엮은 'EPC(Engineering Procurement Construction) 경쟁력 강화 TFT', 금융 계열은 삼성생명을 중심으로 삼성화재, 삼성카드, 삼성증권, 삼성자산운용을 엮은 '금융 경쟁력 제고 TFT' 등의 삼각 편대의 경영을 통해 결속을 다지고 핵심 3사가 업무조율을 통한 자율경영을 강화하여 나가게 된다. 따라서 현실적인 타협보다는 합리적인 의사결정, 수직보다는 수평적 관계의 조직, 통제보다는 자율이, 관습적 규범과 사고보다는 창의적인 아이디어와 조직문화가 각종 복잡한 의제를 결정하는 데 중요한 잣대가 될 것으로 보인다.

삼성전자는 후원금과 사회공헌기금 운영의 투명성을 제고하기 위해 10억 원 이상의 기부금에 대해 사외이사가 과반수 이상 차지하는 이사회 의결을 반드시 거쳐서 시행에 들어간다. 하지만 자율 경영을 시작하면서 사업계획이나 인사, 임직원 채용 등에 있어서 계열사 전문경영인의 권한이 커지면서 한편으로는 자율경영의 책임도 막중하게 커진다. 왜냐하면 자율 경영으로 선임된 대표이사는 한정된 임기 2~3년 내 실적을 올려야 하고 주가관리도 해야 하므로 장기적인 사업계획 추진에 따른 과감한 투자 결정에 한계를 느낀다. 삼성전자의 대표적인 전문경영인인 권오현 회장은 2020년 7월 사내간담회에서 "저도 전문경영인 출신으로 최고의 자리인 회장직까지 승진했으나 막대한 적자, 불황 상황에서 몇 조 투자하라고 결정하기가 인간적으로 쉽지 않았다"는 고뇌에 찬 말을 남긴다. 그리고 같은 시기에 김현석 가전(CE : Consumer Electronic) 부문 사장은 "큰 숲을 보고 방향을 제시하는 리더 역할은 이재용 부회장이 하는 게 맞다"고 말하면서 "전문경영인이 서로 돕는 체계로만은 잘 되지 않는다. 전문경영인은 결코 큰 변화를 만들 수 없고 빅 트렌드를 못 본다"고 진솔하게 답을 한다.

솔직하게 말하면 삼성전자가 지난 수년간 사법 리스크에 시달리며 내세운 경영전략은 이사회 중심의 자율 경영이다. 오너에 집중된 의사결정 권한을 각 이사회에 위임하고 전문경영인을 통한 책임경영과 사외이사의 꼼꼼한 감시망을 갖추고 회사를 운영해왔다. 하지만 앞서 설명한 대로 과감한 투자 결정을 했다가 실패 시 되돌아오는 책임감 때문에 전문경영인들은 주주들의 눈치도 보면서 이러지도 저러지도 못하는 상황이 많았다.

두 차례 법정구속을 당한 이재용 부회장이 2021년 8월 13일 가석방으로 자유의 몸이 된 지 11일 만에 삼성전자는 3년간 240억 투자와 종업원 4만 명을 고용하는 획기적인 정책을 발표한다. 이런 초스피드 의사결정은 이재용 부회장만이 할 수 있다. 이재용 부회장은 삼성전자가 2021년 5월 한미정상회담과 연계해 열린 '한미 비즈니스 라운드 테이블' 행사에서 미국 테일러시에 신규로 20조를 투자해 파운드리 공장을 건설한다는 계획을 발표한다. 이는 미국 조 바이든 대통령이 한미정상회담 한 달 전 삼성전자에 적극적 투자를 요청한 것에 대한 화답이었다. 착공은 2022년 상반기에 시작해서 2024년 하반기쯤 가동에 들어갈 것으로 보이며, AI(인공지능), 5G, 메타버스 관련 반도체 분야를 선도하는 전 세계 시스템 반도체 고객들에게 첨단 미세공정 서비스의 개선을 통해 제공할 것으로 예상된다. 기존의 오스틴 공장 생산라인의 시너지 효과, 반도체 생태계와 인프라 공급 안정성, 지방 정부와의 협력, 미국 지역사회 발전 등을 고려한 조치로 부지는 약 150만 평이며 오스틴 사업장과 25km 정도로 가까이 있다.

테일러시는 삼성전자의 투자를 유치하기 위해 파격적인 인센티브를 제공하면서, 그 지역를 담당하는 그렉 애벗 텍사스 주지사는 "삼성전자의 신규 테일러 반도체 생산시설은 텍사스 중부 거주 주민들과 가족들에게 수많은 기회를 제공하고 텍사스의 특출한 반도체사업 경쟁력을 이어가는 데 중요한 역할을 할 것"이라고 삼성전자의 투자 결정에 고마움을 표시했다. 그리고 삼성전자 임직원들에게는 자율 경영 시행에 맞추어 자율 출근제와 순환 휴가제를 시행하고 있으며, 이 제도가 성공적으로 안착이 되도록 상사들은 구태의연한 사고방식에서 깨어나라고 주문한다. 이 제도는 임직원들이 자신의 스케줄과 몸 컨디션에 따라 하루 8시간만 근무토록 하는 제도를 시행하여 임직원들의 대대적인 환영도 받는다. 즉 자기계발과 가족을 위해 활용할 수 있는 시간이 늘어나는 만큼 직원들은 마다할 이유가 전혀 없다고 보며, 주어진 8시간의 근무시간 내에 최대의 업무 결과를 나오게 한 탁월한 제도이다.

이건희 회장은 채찍보다 인센티브와 같은 당근을 던져주면서 회장의 권한을 그룹사 전문경영진들에게 과감하게 위양하고, 강력한 카리스마 리더십과 추진력, 창의력과 혁신성, 경영 노하우를 모두 겸비한 한국 내 초유의 진정한 기업가로 판단된다. 변화를 수용하고 변화에 적응하기 위한 선택으로 인재를 중시하며 인재를 통해 창조의 기술을 탄생시키고, 그 기술을 인류공영에 이바지하도록 한 것이 21세기에 최적합한 이건희 회장의 경영철학으로 본다.

창조 경영을 강조한
이건희 회장

SAMSUNG SAGA

이병철 회장이 1987년 11월 19일 별세 후 12일 만에 그룹사장
단의 만장일치로 추천을 받아 1987년 12월 1일 삼성그룹 2대 회
장직에 오른 이건희 회장은 '타도 일본'을 타깃으로 내세우고 향
후 10년 이내로 일본의 세계적인 전자회사인 소니, 마쓰시타를
추월한다는 계획을 수립하고 철저하게 준비하면서 일본 회사들
의 여러 기술 분야(예 : 특허)에서 수많은 견제를 잘 극복한다.

사실 창조 경영의 원천은 대한민국 역사를 살펴보면 조선시대
훈민정음을 창제한 세종대왕에게서 찾아볼 수 있다. 한글은 세
계 여러 나라의 언어 가운데 유네스코가 공식적으로 인정하고

있는 자랑스런 한국의 대표 유산이다. 따라서 세종대왕은 역사상으로 보면 가장 위대한 정치 경제지도자로 한국인들의 가슴속에 깊숙하게 기억되고 있다고 필자는 판단한다. 하지만 기업 역사가 길지 않은 한국 경제의 경우 이건희 회장이 1993년 6월 독일 프랑크푸르트에서 말씀하신 신경영 선언이 창조 경영의 시초라고 본다. 그리고 이건희 회장은 1994년 3월 공무원을 대상으로 한 특강에서 21세기는 한 명의 천재가 10만 명을 먹여 살린다고 경제철학을 역설하며 공무원들이 무사안일하게 일하는 것에 대해 자극을 준다. 이건희 회장의 창조 경영을 정리하면 다음과 같다.

- 1996년 1월 신년사에서 시나리오 경영을 주문하면서 여러 경제 상황을 가정해서, 각각에 적합한 대비책을 세우라고 주문한다.
- 1997년 1월 신년사에서 제때 빨리 처리하는 스피드 경영을 해야만 삼성은 살아남을 수 있다고 말했다.
- 2003년 12월 삼성 사장단 회의에서 나눔 경영을 강조하면서 소외된 이웃을 돌보고 함께 가야 한다고 주문한다.
- 2005년 5월 이태리 밀라노 디자인 전력회의에서 디자인 경영을 주문하고 21세기는 디자인 경쟁력이 기업 경영의 승부처라고 강조한다.

- 2006년 1월 신년사에서 "삼성은 오랫동안 선진 기업을 뒤쫓아왔으나, 지금은 쫓기는 입장에 서 있다"며 이젠 앞선 자를 뒤따르던 쉬운 길에서 벗어나 새로운 길을 개척하는 선두에서 험난한 여정을 걸어가려 한다고 말했다.

- 2006년 3월 전기전자계열 사장단 회의에서 음속을 돌파하기 위해서는 비행기의 모든 부품이 바뀌어야 가능하듯이 삼성도 일정 수준에서 더 도약하려면 모든 것을 바꿔야 가능하다고 말했다.

- 2006년 6월 독립계열사 사장단 회의에서 "삼성의 주요 제품들이 이미 국내외 시장을 통틀어 선두권에 진입해 있는 만큼 다른 기업의 경영을 벤치마킹하거나 모방할 수 있는 상황이 아니다"라며 앞으로는 선두그룹에서 삼성만의 고유한 독자성과 차별성을 구현하면서 새로운 시장을 창출하고 개척해 나가는 글로벌 창조적 경영이 필요하다고 강조했다.

- 2006년 9월 미국 소재 사장단 회의에서 "세계 최첨단 제품들이 경쟁하는 뉴욕은 최고급 소비자로부터 인정받아야 진정한 세계 최고의 제품이 될 수 있다"고 강조하며 ① 한국 독자기술로 통신 종주국이라 할 미국에 진출한 와이브로 ② 발상의 전환으로 40나노 32기가 낸드 플래쉬 개발을 가능케 한 차세대 CTF(Charge Trap Flash) 기술 ③ 세계 LCDTV 시장을 선도하는 보르도 TV 등을 창조 경영의 구체적인 결과물이라고 강조

하며 "창조적 경영을 정착시키려면 제품만 잘 만들면 1등이 됐던 20세기 경영과 달리 우수한 인력 채용과 육성, 과감한 연구개발을 통해 제품은 물론 마케팅, 디자인, 연구개발(R&D) 아이디어 등이 복합적으로 어우러져 좀 더 창조적인 것을 만들어야 21세기 경영이다. 즉 남의 것만 카피해서는 독자성이 생겨나지 않는다. 모든 것을 원점에서 보고 새로운 것을 찾아내는 창조적 경영"을 재차 강조한다.

• 2006년 9월 영국 런던 첼시 축구단 방문 시 "첼시의 인기가 높은 비결은 각 포지션별 세계 최고의 선수 확보와 탁월한 리더십을 갖춘 축구감독과 프론트 및 구단의 아낌 없는 지원 등 3박자가 잘 갖춰졌기 때문"이라고 지적하고 "기업에도 프리미엄식 창조 경영"을 적용해 우수인력을 확보하고 양성해 나가는 것이 프리미엄식 창조 경영이라고 역설한다.

• 2006년 10월 중동 두바이 방문 시 세계 최고층 빌딩 부르즈 두바이(Burj Dubai) 건설현장에서 확고한 창조적인 아이디어와 미래 비전을 갖고, 두바이를 전 세계가 주목하는 도시발전 모델로 변화시킨 두바이 지도자 세이크 모하메드의 정신을 잘 이해하고 건축사업을 하는 삼성물산은 미래 성장 잠재력 향상을 위한 이건희 회장 경영 화두인 창조 경영에 전력을 다하라고 강조한다.

• 2006년 10월 일본 요코하마 방문 시 항상 새로운 생각으로 경

쟁사가 안 하는 창조적 경영을 펼쳐 나가는 것이 삼성인의 생각이라고 강조한다.

- 2007년 7월 선진 제품 비교 전시회에서 2010년이 되면 예측하기 힘들 정도로 급속한 변화가 일어날 것인 만큼 디자인, 마케팅, 연구개발 등 모든 분야에서 창조적 경영으로 변화에 미리 내비하라고 지시한다.

이건희 회장은 기술 창조의 의미로 '도체 아닌 부도체에 전기 저장하는 방식의 반도체 제조기술 세계 최초 상용화'와 시장창조 의미로 '범용 DRAM 외 게임기, 모바일 기기 등에 특화된 DRAM'을 출시해 신규시장을 창출하라고 주문한다. 또한 창조경영을 실현하기 위한 2대 요소는 결국 창의적인 인재와 더불어 회사 대표이사의 확고한 의지라 말할 수 있고, 대표이사가 창조경영에 대한 의지를 다지기 위해 가장 중요한 건 바로 기업가 정신으로 밀고 나가야 한다고 본다. 결국 기업가는 신제품 개발, 새로운 생산방법의 도입, 신시장 개척, 새로운 원료나 부품의 공급, 신조직의 형성, 노동생산성 향상 등에 앞장서야 하고 이런 정신이 바로 창조 경영 정신이다. 즉 창조 경영은 현재의 조합을 좀 더 새롭게 시도하는 것에서 출발한다. 혁신적 기술로 하루아침에 대박이 나기를 기다리기보다 기존 제품과 서비스에서 버릴 것과 더할 것, 줄일 것과 늘릴 것을 정해 다시 조합하는 것이 필요하다고 보며, 창의력 있는 인재들을 모아 이들이 창조적 활동을 마음껏 펼쳐 나갈 수 있도록 이와 관련된 조직과 관리시스템도 창조적으로 변경해야 가능하다고 본다.

이건희 회장은 모든 것에 대해 "왜? 왜? 왜?" 세 번 이유를 묻고 문제가 있으면 개선하고 더 좋은 제품을 만들어내야 한다고 강조했고, 수차례 고민과 생각을 하고 새로운 것을 만드는 것이 진정한 창조 경영이라고 했다. 삼성의 최고경영진이었던 A 부회장은 최근 경매에서 최고가인 25억에 낙찰된 박수근 화백의 '시장의 사람들'을 언급하며 "그림의 가격은 30만 원, 원가는 10만 원일 수 있지만 세상 사람들은 그림의 가치를 25억으로 정했다는 것이 중요하다"며 "이런 높은 가치를 인정받을 수 있는 제품을 만들어내는 것이 창조 경영"이라고 언급한다.

다른 예로 공급자 중심의 농경사회가 제1의 물결, 효율 경영이 강조되는 공업사회는 제2의 물결, 지식정보 경영이 중시되는 시대를 제3의 물결이라고 한다면, 제4의 물결은 단순히 지식과 정보를 이용하는 데 그치지 않고 이를 통해 새로운 가치를 창조하는 시대이며, 제4의 물결에 맞는 경영이 바로 창조 경영이라고 본다. 즉 1990년대에는 다른 기업의 선진 경영 노하우를 벤치마킹하는 것이 중요했지만 21세기의 무한경쟁 시대에는 남이 하지 않은 새로운 것을 제시해야 살아남을 수 있기 때문이다. 이같은 변화를 배경으로 요즘 창조 경영이 재계의 화두로 떠오르고 있다고 본다. 달리 표현하면 창조 경영은 기존의 지식과 정보를 잘 활용해 새로운 가치를 창출하는 경영이라고 보며 이건희 회장이 강하게 말씀하시면 그 개념을 잘 정립해서 회사 내부에 반드시 실행하는 것이 삼성 임직원들이다.

창조 경영의 바탕에는 ① 기업이 잘나가고 있을 때 혁신이 일어날 수 있는 분야에 미리 남들보다 선투자하라 ② 리스크 요인을 감안해 가장 잘할 수 있는 틈새시장을 찾아서 추진하라 ③ 기존 조직과의 영향력을 최대한 차단하고 창의력을 발굴할 수 있는 독립된 조직을 운영하라 ④ 신사업에 대한 확신을 심어주기 위해 작은 성과부터 챙겨라 이 4가지로 나눌 수 있다. 따라서 창조 경영은 더 이상 경쟁사 기업의 것을 카피할 수 없고, 순전히 자신의 힘으로 새롭게 만들지 않으면 안 된다는 절박한 상황에서 출발한다.

특히 이건희 회장이 말씀하신 10년 후에 무슨 제품으로 먹고 살 것인가에 대한 위기감이 창조 경영으로 표출되었으며, 관리의 삼성이라는 고정관념에서 탈피해서 자유분방한 분위기를 연출하고 새로운 아이디어를 발굴하는 것이 창조 경영이라고 본다. 이건희 회장의 창조 경영은 오스트리아 출신으로 미국 하버드 대학교 교수를 역임한 조지프 슘페터(1883~1950)의 창조적 파괴론을 벤치마킹했고, 당시 슘페더 교수는 자본주의의 원동력으로 기업가의 끊임 없는 혁신을 부각시키면서 이를 '창조적 파괴'

라고 명명했다. 그는 또 기업의 이윤은 이러한 창조적 파괴를 성공적으로 이끌어 가는 기업가의 노력의 대가로 가능하다고 강조한다. 현재 창조적 기술과 초경쟁 시대를 맞이해서 향후에는 창조력이 뛰어나고 자기 분야의 전문 지식이 월등한 골드칼라가 창조 경영을 이끌어 가는 미래의 주역으로 부상할 것이다.

이에 대한 가이드 라인으로 ① 남들과 다른 것을 하되 ② 검증되고 지속 가능해야 되며 ③ 결과물이 수익으로 반드시 연결돼야 한다는 것으로 아무리 혁신적인 제품이어도 수익을 못 내면 이는 창조 경영이 아니라고 제시한다. 즉 '돈 버는 블루오션' 수익제품이 확고한 신수종 사업이며 이 결과물로 태생한 것이 창조 경영이라고 판단된다. 삼성경제연구소에서는『창조 경영 지침서』를 발간하여 삼성 임직원들이 나침판으로 활용하고 있다. 그리고 평소 삼성의 창조 경영에 대한 관심을 갖고 벤치마킹한 박근혜 대통령(서강대 전자공학과 전공)은 대통령에 당선되자 5대 국정 목표로 국민을 위한 일자리 중심의 창조경제 및 창의교육과 문화를 즐기는 삶을 제공할 수 있는 정책부서 역할을 담당할 미래창조과학부를 신설하고 신기술을 기반으로 한 미래먹거리 경제사업을 추진해 나갔다.

결국 삼성의 창조 경영은 선진국 경쟁사보다도 10년 이상 미래를 내다보는 경영전략 추진으로 집행되고, 이런 정책을 바탕으로 한 최첨단 전자분야에 대한 과감한 도전과 기술투자로 이

어진 삼성만이 할 수 있는 특유 방식의 공격경영과 전자시장을
선도하는 기술력의 집합체로 탄생한 것이 '삼성의 창조 경영'이
라고 필자는 판단한다.

PART 3

삼성의 발전

삼성은 자원도 거의 없는 우리의 자연조건에 적합하면서 부가가치가 높고
고도의 기술을 요구하는 제품개발에 부응하게 되었다. 따라서 반도체산업은
그 자체로서도 상징성이 클 뿐 아니라 타 산업으로의 파급효과도 지대하고
기술 및 두뇌 집약적인 고부가가치 산업이다.

SAMSUNG SAGA

반도체 전쟁의
승리

SAMSUNG SAGA

반도체는 흔히 '산업의 쌀'로 비유되며 TV, 스마트폰, 자동차, 컴퓨터 등 일반적인 생활에 필수적인 전자통신기기 대부분에 중요 부품으로 사용되고 있다. 최근 스마트 자동차 제조에 투입되는 반도체가 부족해서 자동차 생산을 적기에 할 수 없는 상황이 벌어질 정도로 중요한 부품으로 인식된다. 반도체(semiconductor)는 'semi(반)'과 'conductor(도체)'라는 단어에서 유래되었다. 반도체라는 부품은 1947년 12월 23일 미국 벨 연구소(노벨상 수상자 다수 보유 기업)에서 개발한 트랜지스터가 효시로 알려진다.

한국에서의 반도체 탄생은 아마도 미국 모토로라와 벨연구소에서 근무한 강기동 박사와 강대원 박사가 창업한 한국반도체에 의해서이다. 하지만 당시 한국의 열악한 경제 상황이 맞물리면서 적자를 거듭하다가 도산 위기에 몰린 한국반도체를 '삼성의 미래는 반도체사업에 있다'고 판단한 이건희 회장이 부친인 이병철 회장에게 한국반도체를 인수해 경영하자고 수차례 건의했다. "TV도 제대로 만들지 못하는데 반도체 개발 및 제조가 가능하냐"고 반대하자, 본인 보유의 삼성전자 주식을 매각한 자금으로 한국반도체 지분 50%를 인수해 삼성전자가 반도체사업에 진출하는 발판을 마련한다.

이병철 회장이 반대한 주요 요인은 '취약한 국내 시장, 빈약한 수출경쟁력, 열악한 기술경쟁력, 아직은 부족한 삼성의 투자 여력'이라고 했다. 하지만 이건희 회장은 멀리 내다보는 안목으로 부친을 설득했고, 반도체사업 진출의 당위성을 만들어냈다. 1982년 이병철 회장이 미국 보스턴 대학에서 주는 명예박사 수여식 현장에 이건희 회장이 동행해 그 당시 미국 첨단 반도체 현장인 IBM, HP를 함께 방문해 재차 반도체사업 진출을 권유했고 이병철 회장의 생각을 바꾸게 한다. 그리고 1983년 2월 일본 동경에서 이병철 회장은 다음과 같은 명언을 남기며 반도체사업 진출을 선언한다.

"세계 각국의 장기적인 불황과 보호무역의 강화로 대량 수출에 의한 국력 신장도 이제는 한계에 이르렀다. 삼성은 자원도 거의 없는 우리의 자연조건에 적합하면서 부가가치가 높고 고도의 기술을 요구하는 제품개발에 부응하게 되었다. 따라서 반도체산업은 그 자체로서도 상징성이 클 뿐 아니라 타 산업으로의 파급 효과도 지대하고 기술 및 두뇌 집약적인 고부가가치 산업이다."

이 말 한마디가 삼성의 반도체산업의 커다란 불씨가 되어서 본격적인 반도체 개발이 시작되었다. 그리고 미국 마이크론과 일본 도시바 회사에 기술료를 지불하고 삼성전자 엔지니어를 파견해 기술습득을 시도했지만 기술유출을 우려한 미국, 일본 기업의 강력한 제지로 실패한다. 한편 당시 반도체 시장을 장악한 일본 기업(도시바, 히타치, 미쓰비시 등)은 한국의 삼성전자를 하류로 보고 만약 삼성전자가 64K DRAM(Dynamic Random Access Memory) 반도체 개발에 성공하면 우리말 속담대로 "내 손에 장을 지진다"며 코웃음을 쳤다고 전해진다. 하지만 이에 굴복하지 않고 삼성전자는 기존 보유 반도체 개발 인력에다, 국내의 우수한 전자인력을 보강해 64K DRAM 개발에 박차를 가하면서, 반도체는 타이밍 싸움이라는 경영 판단으로 경기도 용인시 기흥에 부지를 매입해 공장 건설을 병행하면서 개발도 진행했다.

그 당시 반도체 제조 장치를 기흥사업장에 설치해야 하는데 진동에 민감한 장치라서 삼성건설 전 직원들이 밤샘 작업을 해 도로를 평평하게 다져서 장비를 김포공항에서 기흥 공장으로 무사하게 옮기게 되었다는 일화가 있다. 드디어 1983년 9월 기흥공장 건설에 돌입한 후 6개월여 만인 1984년 3월 기흥공장 1차 라인이 완공되어서 가동에 들어간다. 일본 기업은 최소 18개월 이상 걸리는 공장건설을 삼성인들이 주야 24시간 일하면서 6개월 만에 공장을 완공시킨 저력에 놀라움을 금치 못했다는 후문이다. 특히 개발팀 인력은 한 달에 집에 거의 하루나 이틀 정도 가고, 개인 생활은 포기한다는 불굴의 의지로 개발팀 내부에 야전침대를 설치하고 개발 업무에 박차를 가하면서 개발 6개월 만(1983년 12월 1일)에 세계 3번째 성공을 거둔다.

보고를 받은 이병철 회장과 이건희 부회장은 함박웃음을 지으며 한걸음에 현장으로 달려가 "여러분 그동안 수고 많이 하셨습니다. 나는 여러분들이 자랑스럽습니다. 여기 계신 분들이 삼성전자의 미래를 이끌어갈 주역들입니다"라고 말하며 격려금을 전달하고 노고를 치하했다. "삼성전자는 이에 만족하지 않고 다음 단계의 개발에 박차를 가하라"는 지시에 그 당시 현장 분위기는 삼성맨들의 박수와 함성으로 가득 찼다고 한다. 이는 미국, 일본 기업이 6년 만에 성공한 것을 삼성전자가 6개월 만에 성공하는 놀라운 기적을 이루며 일본 도시바, 히타치, 일본전기 등을 포함한 반도체 회사들의 거만한 콧대를 납작하게 만들었다.

반도체 제조공정은 크게 8가지(웨이퍼공정 : 반도체의 기판으로 잉곳제작 절단 웨이퍼 표면연마 세척검사 과정, 산화공정 : 웨이퍼 위에 산화

막을 도포하는 과정, 포토공정 : 웨이퍼 위에 원하는 모양의 회로설계 정보를 담고 있는 마스크의 패턴을 전사, 식각공정 : 불화수소로 감광액을 식각, 박막공정 : 1마이크로미터 이하의 얇은 막을 덮는 과정, 금속패턴공정 : 백금, 금, 은, 텅스텐 등의 재료 사용, EDS공정 : Electrical Die Souring의 약자로 모든 공정 완료 후 반도체 칩의 기능을 평가/검사해 양품과 불량품을 선별하는 단계, 패키징공정 : 완성된 웨이퍼를 개별 칩으로 잘라서 위험한 외부로부터 제작된 회로를 안전하게 보호하도록 포장하고 인쇄하는 공정)를 포함한 약 309가지 공정을 모두 거쳐야 완벽한 반도체가 탄생되는 어려운 과정이다.

삼성전자는 이병철 회장 지시대로 1983년 말에 착수해 1984년 10월 8일 7개월여 만에 256K DRAM 개발에 성공해 전 세계 반도체 기업들을 놀라게 만들고 이것이 삼성전자 매출의 첫 효자 상품으로 등극했다. 그리고 미국 반도체 회사에서 국비유학생 1기로 근무 중인 진대제 박사(후일 삼성전자 대표이사, 정보통신부장관 역임)를 삼고초려 끝에 영입해 1986년 10월에 1M DRAM 개발에 성공한다. 그 후 삼성은 4M DRAM, 16M DRAM을 병행 개발하면서 메모리반도체 시장을 빠르게 장악해 나간다.

그 당시 반도체 설계기술은 크게 2가지로 나누어졌는데 공정이 복잡하고 원가가 많이 들어가는 트랜치(tranch) 방식(일본 도시바, 일본전기 히타치 미국 IBM, TI 기술)과 위험부담은 크지만 원가가 싼 스택(stack) 방식을 고민했으나 이건희 회장은 과감하게 스택 방식으로 개발하라고 지시해 세계 최초로 성공하게 된다. 또한 웨이퍼(wafer)가 6인치인 당시 대량생산 방식을 탈피해 삼성은 세계 최초로 8인치 웨이퍼로 16M DRAM(1990년 7월 출시)과 64M DRAM(1992년 출시) 대량생산에 성공하게 된다. 드디어 삼성전자는 반도체사업에 진출하고 10년만인 1993년 DRAM시장에서 전 세계 1위에 올라서게 된다.

한때 일본 소니가 게임기인 플레이스테이션 판매 시 메모리칩이 없어서 게임기 제조가 어려워지자 소니 회장이 직접 삼성전자에 찾아와 제발 메모리칩을 공급해 달라고 매달려서 호소까지 한 상황이 발생했다. 삼성전자는 탄력을 받은 메모리사업에 더 집중투자를 했고 삼성은 256M DRAM도 1994년 8월 29일 출시하면서 진정한 메모리 반도체 1위 기업으로 등극해 현재도 반도체 메모리 시장 1위를 수성하고 있다. 이에 만족하지 않은 삼성전자는 비메모리 사업 분야에서도 세계 1위가 되겠다는 야심 찬 계획으로 '반도체 비전 2030'을 발표한다. 목표 달성을 위해 비메모리 반도체 분야에 2030년까지 133조를 투자해, 세부적으로는 R&D 분야에 73조, 최첨단 생산 인프라에 60조를 투자한다는 계획을 진행하고 있다.

최근 삼성전자는 평택 1공장에 파운드리와 메모리반도체를 포함한 생산 라인을 증설하면서 평택 2공장에는 43,000장 규모의 5mm라인을 계획 중이며, 미국 오스틴 공장에도 파운드리 증설과 19조 규모를 투자해 파운드리 시장 분야에서도 세계 1위로 등극할 예정이다. 참고로 파운드리(Foundry)란, CDMA 칩을 개발한 미국 퀄컴과 컴퓨터 CPU 칩을 설계한 인텔사 같은 설계 전문회사가 주문한 반도체를 자사의 첨단 반도체 제조 장비로 생산해 주문회사로 납품하는 회사를 말하며, 소품종 대량생산을 하는 메모리반도체와 달리 다품종 소량생산이 특징이다. 따라서 모바일 휴대폰 시장과 인공지능, 사물 인터넷 시장 등에서 다양한 반도체 수요가 폭증하면서 파운드리 시장이 급격하게 커지고 있다. 현재 파운드리 1위 기업은 1987년에 창업한 대만의 TSMC(Tawan Semiconductor Manufacturing Company Limited)이며 매출액은 2020년 기준 479억 5,000만 달러이다. 향후 삼성전자의 투자 계획대로 반도체 투자가 순조롭게 진행되어 반도체 모든 분야(메모리, 비메모리, 파운드리)에서 진정한 세계 1위 회사가 되길 소원한다.

3번의 도전 끝에
성공한 올림픽 유치

SAMSUNG SAGA

이건희 회장은 부친인 이병철 회장 권유로 초등학교 재학 중 일본 동경 유학길에 오른다. 그 당시 동경에서는 장남 맹희와 차남 창희가 대학생활을 하고 있었고 유일하게 미성년자인 삼남 건희는 초등학교 내에서 이지매(한국인에 대한 차별과 집단 따돌림) 등으로 혼자 지내는 시간이 많아 유일한 탈출구로 레슬링 경기를 시청하곤 했다. 이것이 인연이 되어 귀국 후 서울사대부고 재학 중 레슬링 선수로 전국체전에 참가해 입상했고 각종 스포츠(골프, 탁구, 럭비 등)에도 재능을 보였다. 대한레슬링협회 회장을 지낸 이건희 회장은 4년마다 열리는 올림픽의 최대 후원사가 되면서 자연스럽게 국제올림픽위원회(IOC)의 위원으로 선출되었다. 이에 따라 지속적으로 한국 스포츠 외교에서 선두 역할을 해나간다.

하지만 삼성그룹 비자금 관련 사건을 2007년 삼성그룹의 법무팀장(전무급)으로 7년간 근무한 김용철(서울지검 특수부 검사 출신)이 폭로하면서 사건은 일파만파로 번져 나갔고 그 당시 검찰은 특검팀을 신설해 삼성그룹의 주요 사장급 임원들에 대해 불구속 수사를 강행하고 최종적으로 법원은 이건희 회장에게 2009년 징역 3년, 집행유예 5년을 선고한다. 이후 이건희 회장은 자기반성의 조치로 기자회견을 하면서 다음과 같이 말했다.

"오늘 나는 삼성그룹 회장직에서 물러나기로 결정했습니다. 아직 갈 길이 멀고 할 일도 많아 아쉬움이 크지만 지난날의 허물은 모두 제가 떠안고 가겠으니 저의 지시로 이 일에 관련된 삼성 핵심임원들의 선처를 바랍니다."

눈물을 글썽이는 장면을 TV를 통해 본 필자도 같이 눈물을 글썽이게 되었다. 역사는 되풀이된다고 하지만 그 당시 그룹의 은덕(수십억의 급여 등 각종 혜택)을 받고 근무한 사람의 고백으로 삼성그룹은 물론이고 한국 경제계에 큰 손실을 가져온 것이 과연 타당한 행동이었는지 필자의 개인소견으로 한 번 더 당사자에게 되묻고 싶다. 이유를 막론하고 한국 속담을 보면 "한번 모신 주군은 영원한 주군이다"라는 말이 있다. 그러나 주군을 배신한 서울 제기동 성당 발언이 그 시기 사회와 경제 상황으로 돌아가서 비추어 볼 때 합당한 발언이었는가 다시 한번 생각해 본다.

하지만 대한민국 정부는 2009년 12월 31일 원포인트 사면권을 행사하면서 4개월 만에 이건희 회장을 사면하며 법(집행유예)의 굴레에서 벗어나게 한다. 그 당시 사면심사위원회가 내건 명분은 이건희 회장이 올림픽위원회의 거물급 위원이고, 평창올림픽 유치라는 국익을 위해서 이 회장이 반드시 필요하다는 것이었다. 또한 그 당시 이명박 대통령은 이건희 회장에게 지난번의 실패를 거울삼아 이번에는 반드시 승리해서 평창올림픽 유치권을 확보하는 데 선두마차 역할을 해달라고 간곡히 부탁했다. 그리고 2010년 3월 이건희 회장은 부득이하게 주주들의 적극적인 지지로 삼성그룹 회장이 아닌 삼성전자 회장으로 업무 복귀를 한다. 이후 이건희 회장은 정부 사면에 대한 의미를 받들어 적극적으로 평창올림픽 유치를 위해 업무의 절반 정도를 올림픽 업무에 집중한다.

둘째 사위인 김재열 대표가 취임한 대한빙상연맹에도 막대한 후원을 하며 쇼트트랙 위주의 동계스포츠 종목에서 벗어나 피겨와 스피드스케이팅 유망선수를 적극적으로 발굴하고 지원한 결과, 김연아 여자선수의 피겨종목 금메달, 이상화 여자선수의 500m 올림픽 2연패, 모태범 남자선수의 500m 금메달, 이승훈 남자선수의 장거리 종목인 10,000m 아시아 선수 최초 금메달과

매스스타트 금메달 획득의 경사로 이어진다. 이건희 회장은 사내방송에서 "한국의 1988년 하계올림픽과 2002년 월드컵 유치는 모두 전국경제인 연합회 회장이고 서울올림픽 조직위원회 부위원장이신 현대그룹의 정주영 회장이 직접 지구를 여러 차례 순회하고 발로 뛰면서 IOC위원들을 만났으며, 여기에다 현대그룹의 전 세계 주재원들이 총동원해 민간외교를 한 결과"라고 말한 기억이 난다. 삼성도 이에 못지않은 결과가 나오도록 최선을 다하자는 것이었다.

사실 아시아 국가는 동계스포츠 분야에서는 변방국에 지나지 않았다. 1924년 프랑스 샤모니에서 제1회 동계올림픽이 열린 이래 총 21회 동계올림픽 대회는 유럽 국가에서 14번, 북미 국가가 5번을 개최했고, 아시아 국가 중에는 일본만이 홀로 두 차례 개최한 것이 전부였다. 2003년 7월 체코 프라하에서 2010년 개최지 선정을 위해 제15차 IOC총회가 열렸다. 후보지로 도전한 도시는 한국 평창과 캐나다 밴쿠버, 오스트리아 잘츠부르크였다. 첫 번째로 평창올림픽 개최에 도전한 대한민국도 최선을 다해 노력한 결과 1차 투표에서 평창 51표로 1위, 밴쿠버 40표 2위, 잘츠부르크 16표로 3위였다. 하지만 평창은 올림픽 개최지 선정에 필요한 과반의 득표에 실패했고, 1차로 꼴찌를 한 잘츠부르크를 제외한 평창과 밴쿠버를 두고 2차 결선투표를 하자 정반대의 결과가 나왔다. 밴쿠버 56표, 평창 53표로 아쉽게 탈락의 고배를 마신 것이다. 당시 개최국 결정 시에는 개최지 신청을 한 국가 정상이 참석해서 유치활동을 했으나, 대한민국은 국정이 바쁘다는 평계로 노무현 대통령은 불참한 채 고건 총리를 대신 보냈고, 외교 관료 출신으로 평창올림픽 유치위원장을 맡은 공로명 외교통상부장관의 노력만으로는 역부족이었다.

그로부터 4년 후 2007년 7월 남미 과테말라의 수도인 과테말라시티에서 열린 2014년 동계올림픽 개최지 선정을 위한 제119차 IOC총회가 열린다. 재수에 도전한 평창은 4년 전 만난 오스트리아 잘츠부르크, 러시아 소치와 치열한 경쟁을 벌였다. 4년 전 IOC총회에 불참했던 노무현 대통령도 심기일전해 과테말라로 직접 전용기를 타고 날아갔다. 하지만 과테말라에서 IOC위원으로 종횡무진 밤낮없이 유치활동을 하던 이건희 회장은 좌불안석이었다. 이건희 회장은 그 당시 "내 평생 사업을 하면서 대개는 예측이 가능했는데 이번만큼은 정말 예측하기 어렵다"는 말을 남겼다.

1차 투표 결과 평창 36표로 1위, 러시아 소치 34표 2위, 오스트리아 잘츠부르크 25표로 3위였다. 결국 2차 결선 투표를 통해 평창은 47표, 소치 51표가 나와 4표 차이로 또다시 고배를 마셨다. 러시아 대통령인 푸틴이 직접 과테말라로 날아와 막대한 오일 자금을 갖고 IOC위원들을 개별적으로 만나 설득한 것이 표로 연결된 결과였다. 아쉽게 두 번의 고배를 마신 유치단과 평창

주민들은 허탈에 빠진 하루였다. 이후 정권이 바뀌고 이명박 대통령 시대가 열린다. 솔직히 동계스포츠는 하계스포츠보다 돈이 많이 드는 고급운동으로 유럽 혹은 북미 국가들에서만 널리 사랑을 받아 온 스포츠이고 아시아를 비롯한 한국은 여러 조건상 인프라가 절대적으로 부족했다.

"우리나라 속담에 삼세번이라는 말이 있다"는 이명박 대통령의 부탁을 받은 이건희 회장은 마지막 기회라는 생각으로 업무의 절반 이상을 평창올림픽 유치에 심혈을 기울인다. 삼성전자 회장이라는 막대한 직무보다 평창올림픽이 최우선이라고 판단한 이건희 회장은 건강에 무리가 되는 69세의 고령에도 불구하고 1년간 11차례 해외 출장길에 나섰다. 거리로는 21만km, 170일간, 지구 5바퀴를 돌면서 전 세계 각국의 IOC위원들을 맨투맨식으로 110명을 만나 평창올림픽 유치의 당위성을 설득했다. 특히 반대표를 던질 것 같은 IOC위원은 5번 이상 시간을 쪼개 만나며 적극적인 설득에 나섰다고 한다.

이렇게 혼신의 노력을 기울이다 보니 체력과 건강에 무리가 온 이건희 회장은 3공화국 시절 조국 근대화의 기반을 다졌던 위대한 박정희 대통령 휘호인 '내 일생 조국과 민족을 위해서'처럼 "내 생전 국가와 민족을 위해 일하다 죽는다면 이보다 영광스러운 일이 어디에 있겠냐"며 주치의를 대동하면서까지 출장길에 나섰다. 당시 삼성은 올림픽 최고 스폰서인 월드와이드 파트너

13개 글로벌 기업 가운데 유일한 한국 기업이었고, 일본 기업 3곳 (도요타, 파나소닉, 브리지스톤), 중국 기업 알리바바 정도가 아시아계 기업이었다. "올림픽은 돈이다"라는 속설이 있듯이 삼성의 파워는 IOC위원들조차 무시 못할 대단한 힘이 있었다. 당시 대통령을 수행하던 정부 관료는 "역시 삼성이라는 위대한 힘을 몸소 체험했다"고 전한다. 예를 들어, 이건희 회장이 만나자고 하면 선약이 있어도 취소하고 만났다는 말이 있다. 그 당시 이건희 회장의 삼성은 전 세계 234개국에 주재원들을 파견한 최첨단 일류기업이었다.

삼성도 과거 현대그룹이 한 것처럼 해외 주재원들 인맥을 총동원해서 IOC위원들의 습관과 성격을 파악해서 보고하라고 했다. 이렇게 준비를 차근차근 해나간 이건희 회장은 2011년 7월 이명박 대통령과 함께 IOC총회가 열리는 남아공의 더반으로 간다. 이건희 회장은 이명박 대통령에게 개최국 설명을 반드시 영어로 해야 한다고 건의했고, 대통령도 적극적으로 동의하면서 더반으로 향하는 전용기안에서 영어강연 연습을 열심히 해서 더반 도착 시 목이 쉴 정도였다.

이명박 대통령도 삼성이 파악한 IOC위원들에게 본인이 직접 사인한 친서를 우편이 아니라 현지 주재 대사관 직원들이 직접 IOC위원들 집이나 사무실로 찾아가서 전달하게 했고, 장거리 전화로 지원 시 현지 IOC위원들이 사는 일상생활시간에 맞추어

잠을 거르기까지 했다. 이건희 회장은 "반드시 1차 투표에서 이겨야 한다. 그러기 위해 아시아 국가들의 1표도 중요하다. 특히 동계올림픽을 두 번 개최한 일본을 비롯한 신흥강국으로 부각 중인 중국의 협조가 절대적으로 필요하다"고 강조했다. 더반 도착 3일간 밥 먹을 시간이 없어 샌드위치로 끼니를 대신하고, 촌음을 아끼면서 부지런히 세계 각국의 IOC위원들을 만나며 발로 뛴 결과 삼성맨들의 정보망에 드디어 평창올림픽 개최가 가능하다는 정보가 들어왔다. 그러나 이건희 회장은 긴장을 늦추지 않고 마지막 스퍼트를 냈다. 왜냐하면 개최지를 신청한 독일 뮌헨은 현 IOC위원장이 된 토마스 바흐 위원이 당시 IOC부위원장 자격으로 열심히 친분이 있는 IOC위원들을 만나 표밭을 다지고 다녔기 때문이다. 이건희 회장은 총회 당일 점심과 저녁을 거르며 IOC위원들과 접촉했고 마지막까지 표 점검도 꼼꼼하게 했다. 목표는 1차 투표에서 결말을 보자는 것이었다. 드디어 더반 총회투표가 발표되고 전체 유효 투표수 95표 중 평창이 63표를 획득, 독일 뮌헨 25표, 프랑스 안시 7표를 압도적인 표 차이로 따돌린다. 당시 자크 로게 IOC위원장은 영어로 'Pyeongchang 2018'이라고 적힌 카드를 직접 들고 "평창"이라고 소리 높게 호명했다. 대한민국은 2번의 고배를 마신 뒤라서 승리의 기쁨이 배가 되었다.

총회 장소가 열린 더반 국제컨벤션센터는 대한민국의 국기가 펄럭이고 "만세!"라는 함성이 우렁차게 울렸으며, 득표 결과를 기다리던 대한민국 평창군민들은 물론이고 대한민국 국민 모두 하나가 되어서 서로 얼싸안고 환호하고 춤추며 축제 파티를 하는 분위기였다. 왜냐하면 하계올림픽과 동계올림픽, 세계육상선수권대회, 월드컵을 개최한 국가는 현재 기준으로 전 세계 국가 중 독일, 프랑스, 이탈리아, 일본, 미국, 러시아, 한국 7개국뿐이기 때문이다. 평창이라는 호명과 함께 평창 승리가 확정되자 이건희 회장은 울먹이면서 말했다.

"오늘의 승리는 대한민국 국민 여러분의 승리입니다. 평창유치팀 모두 고생들 많았습니다. 특히 경제인 출신인 이명박 대통령이 열심히 했습니다. 저는 조그만 부분을 담당했을 뿐입니다."

훗날 이건희 회장은 평창이 승리하던 날이 생애 가장 기쁜 날이었다고 회고했다. 이렇게 모든 공을 다른 사람의 노고로 돌리며 겸손을 잊지 않은 이건희 회장은 내공이 아주 강한 위대한 기업가로 대한민국 기업사에 영원히 기록되어 한국인들의 가슴속에 깊숙하게 존경받는 기업가로 남을 것이다.

치열했던
인재 경쟁

SAMSUNG SAGA

국내 전자사업은 1959년 금성사(현 LG전자)가 라디오를 생산하면서 시작되었다. 1969년 삼성그룹의 이병철 회장이 전격적으로 전자사업 진출을 선언하면서 수원시에 40만 평의 대지를 매입하고 공장건설에 나섰다. 그 당시는 사돈기업인 LG전자에서 반대했지만 향후 먹거리사업은 전자사업이라고 판단한 이병철 회장은 이 사업을 밀고 나간다. 초기에 기술이 없던 삼성은 일본 산요사와 합작해 TV를 생산했다. 기술인력은 LG전자에서 스카우트하지 않고, 자사 인력을 일본 산요사에 파견해 기술을 습득시키면서 전자기술을 키워나간다. 그래도 부족한 인력은

1983년 경기 기흥 반도체 공장터를 방문한 이병철 선대회장과 이건희 회장

LG전자 인원을 스카우트해 채워 나가는데 과장으로 들어온 한 분은 향후 삼성전자에서 1990년대에 전무까지 승진하기도 했다.

1983년 대우그룹 김우중 회장도 전격적으로 대한전선의 가전 사업 부문을 인수하고 대우전자를 세운다. 이때도 삼성, LG에서 고급인력을 빼 나가는 스카우트 파동이 일어나 LG, 삼성을 긴장 하게 만들었다. 스카우트된 인력은 대우전자의 기반을 좀 더 단 단하게 구축해 나갔고 한때 국내 시장 점유율이 20% 가까이 상 승하기도 했다. 특히 대우전자는 1987년 중동 지역에 TV를 최 초로 수출했고, 중국 푸젠성에 첫 현지 공장을 세우면서 점차적 으로 해외 생산 지역을 멕시코, 우즈베키스탄, 베트남으로 확대 시키면서 한때는 유럽지역의 최대 가전 회사인 네덜란드 필립스 의 가전시장을 잠식해 나가면서 유럽시장 2위에 올라서기도 했다. 이 배경에는 한 번 구매한 TV, 냉장고, 세탁기, 전자레인지가 10년간 고장 없이 사용 가능하다는 품질 완벽주의인 '탱크주의' 가 큰 역할을 한다. 지금 대우그룹은 IMF사태 발생 후 워크아웃 을 선언하며 회생하려고 했지만 2000년 11월 8일 대우그룹으로 돌아온 어음을 끝내 감당하지 못하고 최종 부도 처리되었다. 한 때 세계경영을 외치며 잘나가던 대우전자는 역사 속으로 사라지 고 만 것이다.

1983년 현대그룹 정주영 회장은 전자사업 진출을 선언하면서 현대전자를 설립하고 반도체 메모리사업을 시작한다. 재계 1위 와 2위를 다투던 삼성의 이병철 회장은 막대한 자본이 투입되는 반도체사업에 대해서 정주영 회장에게 반대 의사를 전달하나, 정주영 회장은 모기업인 현대건설과 자회사인 중공업, 자동차 사업 등으로 벌어들인 자금을 쏟아부어 이천에 50만 평 대지를 구입하고 반도체 공장 건설에 나섰다. 초창기는 미국 스탠퍼드 대학에서 반도체로 박사학위를 받고 미국 반도체 회사에 근무 중인 천동우 부사장(후일 LG반도체 부사장 역임)을 영입하고, 형식 적인 신문광고로 경력사원 모집에 나섰다. 하지만 미리 점찍어 놓은 핵심 기술인력은 이미 현대에서 사전에 포섭한 삼성전자 반도체 인력 20여 명이 주축이 되어 출발한다. 현대전자는 당시 삼성의 대리직급은 과장으로, 과장급은 차부장급의 직책을 주고 급여도 본인이 희망하는 대로 인정해 주었다. 왜냐하면 당시 현대전자는 직책만 있었지 급여는 일반적인 호봉제도를 채택하지 않았기에 지금으로 보면 연봉제와 비슷했기 때문이다.

누구든지 대한민국의 국민은 직장 선택과 직업의 자유가 주어지던 시절이라서 핵심 인력 누출은 어쩔 수가 없었다고 본다. 현대전자도 1년 후 64K DRAM을 개발 생산하며 삼성전자를 긴장하게 만들었고, LG그룹도 반도체 분야 진출을 선언했지만 막대한 자금투자의 두려움 때문이었는지, 보수적인 경영 분위기 때문이었는지 끝내 LG그룹은 반도체사업을 포기했다. 차후 5년 뒤 반도체사업으로 큰 이익을 내는 삼성과 현대를 보면서 뒤늦게 충북 청주에 반도체 공장을 세우고 메모리반도체 사업을 한 LG반도체는 5년간의 기술 공백을 메우지 못하고 김대중 정부 시절 반도체사업을 현대전자(현 SK하이닉스)로 넘기게 된다.

1987년경 현대전자에서 삼성전자의 핵심임원인 K부사장을 십고초려 끝에 스카우트하는 비상사태가 발생했다. K임원은 삼성전자 반도체 분야의 가장 핵심임원으로서, 이건희 회장이 한국반도체 인수 때부터 반도체사업 분야에서 함께 뼈를 묻다시피 한 임원이었다. 그는 1983년경 전두환 대통령이 삼성반도체 부천 공장 방문 시 직접 브리핑하면서 전두환 대통령이 직간접적으로 반도체를 이해하게 만든 장본인이었다. 삼성의 기흥 반도체 건설 당시 "생산 장비의 대부분을 일본의 대기업에서 수입해 설치하는데 정부의 장비 수입에 대한 과세도 문제지만 고가의 장비 수입에 대한 자금대출이 미국 장비는 50% 대출이 되지만 일본 장비는 전혀 안 되어서 기업은 자금압박을 심하게 받게 된다"는 설명을 덧붙이자 전두환 대통령은 일본에서 수입하는 장비에 대한 관세 완화는 물론 자금대출도 지시하면서 당시 삼성과 현대는 자금압박에서 한숨을 돌리게 되기도 했다. 일본 주재원으로 근무하던 필자도 업무의 80%가 장비나 부품 구매였던 기억이 난다.

특히나 K임원은 삼성전자 기흥 반도체 공장 건설 시 비가 오는 날에도 워커에 오토바이를 타고 건설현장 곳곳을 누비며, 관계자를 격려하고 6개월 만에 공장건설을 가능케 만든 분이었다. 하지만 1986년경부터 이병철 회장님과 자주 의견 충돌이 생기면서 서서히 거리감을 두게 된다. 이병철 회장은 현대와 LG 등 경쟁사의 반도체 사업전망에 비관적인 견해가 심했고, K임원은 "방심하면 안 됩니다. 현대와 LG도 우수인력이 있고 열심히 노력하면 곧 삼성을 뒤쫓아올 것"이라고 수차례 환기시켰다. 하지만 이병철 회장은 거꾸로 역정을 내면서 절대로 그런 상황은 안 온다며 무시했다. 게다가 1987년 임원 정기인사에서도 반도체 성장에 중심 역할을 하던 당시 강진구 사장을 통신담당 사장으로 이동시키고, 반도체사업 문외한인 제일모직 출신의 송세창을 반도체 부문 대표이사로 이동시키는 일이 생긴다. 이에 K임원은 부사장으로 승진은 하지만 언제든지 상황이 바뀌면 자신도

물러설 수 있겠다는 불안함에 사표를 제출하고 자택에서 칩거하고 만다.

소문을 들은 현대전자 정몽헌 대표이사는 연줄을 대고 K임원을 수차례 만나 설득했지만, 삼성전자와의 오래된 인연과 삼성전자 경쟁사로 이동한다는 것에 부담감을 느껴 쉽게 결정을 못하고 망설였다. 그러자 통이 크기로 유명한 현대의 정주영 회장이 직접 나서 스카우트의 선봉장이 된다. K임원을 만난 정주영 회장은 직설적으로 제안했다.

"현대전자 이천 반도체 공장에 대한 경영 관련 전권을 100%로 드릴 테니 오셔서 삼성에서 배운 노하우를 십분 발휘해 주십시오. 대우는 원하는 대로 다 해 주겠소."

현대로 가겠다는 의사를 결정한 그는 삼성비서실에 인사차 가서 본인의 이름이 삼성전자 임원 명단에서 빠진 것을 확인하고는 삼성에서 자유롭게 떠날 수가 있겠다고 판단을 내린다. 그런 와중에 당시 형식적인 부회장 역할을 하던 이건희 회장이 뒤늦게 이 사실을 확인하고 "제가 책임지고 이병철 회장님께 진언할 테니 조금만 참아 주십시오. 저의 일방적인 의사일지 모르지만 제 선에서 사표를 반려하겠습니다. 업무에 복귀를 해주십시오"라고 부탁한다. 하지만 K임원은 "저는 이미 이병철 회장님의 신임을 잃었습니다. 복귀한들 사표를 던진 제가 다시 가서 제대로 일할 수 있겠습니까?"라며 고집을 꺾지 않는다. 이러자 당시 이건희 부회장은 "지금 삼성 반도체사업 업무에서 손을 떼고 나가면 삼성의 반도체사업이 어찌 되겠냐"고 한숨을 내쉬면서 재고해 달라고 간청했지만 K임원은 제안을 끝내 거절했다. 이건희 부회장은 대신 현대전자로 가서 일하다가 마음이 바뀌면 언제라도 삼성으로 돌아오라고 제안했다.

K임원은 당시 현대에 모인 인재들이 국내외 여기저기에서 끌어모은 조직이라 사업 방향이 한 방향으로 가지 않고 각자의 제 잘난 목소리를 내기에 현대전자 반도체 총책임자로서 각자의 마음을 한 방향으로 통일시켰고, 미국 TI사의 256K DRAM을 현대전자가 생산, 납품할 수 있도록 TI를 직접 설득해 오더를 받아냈다.

하지만 2주 만에 예기치 못한 상황이 발생한다. 삼성의 핵심임원이 현대전자로 간 것을 뒤늦게 보고받은 이병철 회장이 후회하면서 당시 전두환 대통령과의 독대에서 "정주영 현대 회장이 K핵심임원과 삼성 핵심 기술자들을 돈으로 스카우트한다"고 하소연하고 반도체사업에 뒤늦게 들어온 현대에 대한 견제구를 날린다. 당시 "하늘에 나는 새도 떨어뜨린다"는 전두환 대통령의 지시로 K임원이 2주 만에 복귀하면서 스카우트 소동은 마무리가 된다.

이건희 회장은 가전 분야 핵심임원인 Y임원이 유럽 최대 가전 회사인 네덜란드 필립스에서 스카우트한 것을 알아내고 직접

윤종용 · 김광호

Y임원을 만나 설득하고 다시 삼성으로 돌아오게 만들기도 했다.
이 두 핵심임원은 삼성 복귀 후 전보다 더 승승장구하며 총괄 부
회장 자리에까지 올라가게 되었다. 이후 삼성전자는 퇴직 임원
의 경쟁사 이직을 막기 위해 퇴직해도 직책에 따라서 2~3년까
지 별도의 사무실과 공동비서를 제공하면서 급여를 주는 제도가
생기게 되었다. 가능하면 안식년을 가지면서 아이템을 발굴하고
본인의 회사를 차려서 성공할 수 있도록 직간접적으로 도움을
주는 제도이다.

세계 1위로 우뚝 선
삼성스마트폰

SAMSUNG SAGA

1960년대 우리나라는 다이얼식 전화기를 사용하다가 1980년 대 들어 전자교환기가 전화국에 설치되면서 각 가정은 버튼식 전화기를 사용했다. 1980년대 무선호출기인 일명 삐삐가 보급 되어 신호가 오면 가까운 곳의 공중전화나 상점 전화로 상대방 과 긴급 통화를 했다. 그리고 1990년대에 들어서면서 이동통신 전화기의 시대가 본격적으로 열렸다.

무선전화기의 역사를 살펴보면 1973년 모토로라 연구소에 근 무하던 마틴 쿠퍼 박사가 개발한 게 시초이다. 당시 무게는 850g 이었고, 셀룰러 방식의 텔레커뮤니케이션 서비스를 차량 밖으로 끌어낸 기술로, 이후 10여 년의 노력 끝에 미국 모토로라가 1984년 세계 최초의 1세대 상용 휴대전화 다이나텍(DynaTAC)를 판매했다. 이 폰은 아날로그 방식 기술을 도용한 획기적인 폰으로 가격도 대당 200만 원 정도의 고가였지만 고객들이 줄을 서서 살 정도였다. 겨우 30개 정도의 전화번호와 30분 연속통화, 8시간 대기를 할 수 있고 무게가 1kg, 길이도 33cm로 일명 벽돌폰이었다.

1988년 서울올림픽 이후 한국도 이동통신에 대한 관심도가 높아지고 이를 계기로 1989년 모토로라는 플립 타입 휴대폰과 1996년 폴더 타입 스타텍(StarTAC) 휴대폰을 출시하는데 이 제품은 무게 88g으로 단숨에 6천만 대를 판매하며 세계시장 1위로 올라섰다. 이에 자극을 받은 삼성전자도 국내 최초로 1989년 3월 19.9cm의 본체와 비슷한 안테나가 부착된 SH-100 휴대폰을 시판했다. 이후 삼성전자는 1994년 SH-770를 출시했지만 불량률이 12% 이상 발생하자 이건희 회장은 1995년 3월 기판매한 휴대폰과 생산된 휴대폰 15만 대(500억 상당)를 구미공장으로 모아 임직원 2천 명이 모인 가운데 '화형식'을 하며 다시는 불량제품을 생산하지 말라고 지시했다. 이 사건을 계기로 삼성전자는 불량에 대한 안이한 마음을 털끝도 안 남기고 다 불태워버리면서 완벽한 휴대폰 개발 생산 판매에 매진했다. 그 결과로 1996년에는 세계 최초 CDMA폰인 SCH-100모델을 출시해 단숨에 국내시장점유율 52%를 차지하고 모토로라와 노키아를

애니콜 화형식

제치고 1위에 선다. 일명 이건희폰으로 알려진 SGH-T100은 1개월 만에 천만 대를 판매했으며, 2006년 출시된 E-250은 5천만 대 이상을 판매했다.

　무선통신시대는 현재 5세대 기술까지 상용화되어 세대별로 나누어 보면, 1세대는 음성통화만 가능한 아날로그 이동통신이다. 자택이나 사무실에서 사용하던 무선전화기처럼 두껍고 묵직한 폰으로 화면은 없고 버튼만 달려있어 잡음도 심하고 실내에서는 거의 통화가 불가능한 폰이다. 2세대는 1991년 핀란드 노키아에서 출시한 폰으로 디지털 이동전화기를 말하며 음성통화 외에 문자메시지를 보내거나 이메일을 보낼 수 있고 디지털이라는 용어를 처음 사용했다. 이후 미국 퀄컴이 개발한 이동통신 기술인 하나의 주파수로 큰 잡음 없이 공동이용이 가능한 방식으로 'CDMA(code division multiple access)기술'이 도용된다.

3세대는 2001년부터 상용화된 기술로 2세대에 비해서 전송속도가 10배 빨라졌다. 음성, 문자, 사진은 물론 인터넷과 동영상까지 즐길 수 있어서 TV 시청, 화상회의도 가능해졌다. 4세대는 현재 5세대와 겸용으로 이용 중이며 100MBPS(100 mega bit per second) 전송속도, 최대로는 1GBPS의 전송속도가 제공돼 다양한 콘텐츠 제공이 가능한 기술이다. 5세대는 2019년 상용화되었으며 최저 100MBPS부터 최대 20GBPS의 데이터가 다운로드 가능한 기술이며, 4세대보다 속도가 20배 빠르고 처리용량도 100배로 늘어났다. 더 나아가 자동차의 자율주행, 사물인터넷을 이용 가능하게 만들었고 클라우드 게임, 초고화질 영상기술도 가능케 만든다. 4세대를 1차 도로 수준으로 비유한다면 5세대는 100차선 도로라고 볼 수 있다. 즉 2GB 용량의 초고화질 영화를 0.8초 내로 다운로드 가능하며 반경 1km 범주 내에서 100만 개의 사물을 동시에 접속 가능한 기술이다. 따라서 삼성전자는 5G 상용화와 함께 수백만 대용량 데이터가 즉각 사용되는 자율주행 자동차 분야, 원격 진료 등 새로운 서비스 시장에 부합한 스마트폰을 개발·출시할 것으로 본다.

2007년 애플의 창업자인 스티브 잡스는 어느 날 갑자기 세계 최초로 인터넷 사용이 자유롭고, 다양한 애플리케이션 이용이 가능한 기능을 보유하고, 컴퓨터와 성능이 비슷한 휴대전화인 '아이폰'을 들고 나와서 프레젠테이션을 한다. 그 당시 숫자나 문자를 조작하는 물리적인 버튼을 없애고 멀티터치가 가능한 화면을 도입시킨다. 또한 애플리케이션을 공급하는 앱스토어의 등장으로 스마트폰은 단순 무선전화기가 아닌 만능도구가 된다. 우리나라도 유료 문자메시지를 사용하던 고객들이 무료 카카오톡과 같이 데이터의 이용이 가능한 메신저를 사용하면서 스마트폰 보급이 급속도로 증가하게 된다.

이에 자극을 받은 이건희 회장은 즉각적이고 동물적인 감각을 보이며 삼성전자 무선사업부 연구소에 6개월 이내로 애플을 넘어서는 스마트폰을 개발하라고 지시했다. 이에 따라 연구소 직원들은 날밤을 새우면서 개발에 몰두해 드디어 '삼성 갤럭시 스마트폰'이 출시된다. 삼성은 애플이 채택한 마이크로소프트의 OS를 이용하지 않고 안드로이드 OS 소프트웨어를 채택한 스마트폰 갤럭시S1을 애플 아이폰4에 대응코자 2010년 3월 23일 출시했다. 이 제품은 2010년 기준 국내 100만 대, 해외 500만 대 실적을 내고 이후 2011년 출시된 갤럭시S2 제품은 2011년 기준 전 세계에 4천만 대를 판매했다. 2012년 5월 3일 세계 최초로 쿼드코어 기능과 얼굴인식 기능 등을 대폭 강화해 발매된 무게 133g의 갤럭시S3 제품은 드디어 애플 스마트폰을 추월했다. 갤럭시폰 시리즈는 S5, S7, S9, S10을 거쳐서 S20, S21 최근 S22까지 성공적으로 출시되었다.

작은 화면만을 주장한 애플과는 달리 삼성은 5.3인치 대형 화면에 1280×800픽셀의 해상도와 메모가 가능한 1세대 S-Pen을 지원하는 AMOLED 디스플레이 타입을 채택하고, 간단한 메모가 가능한 '갤럭시노트 스마트폰'을 2012년 출시해 단숨에 천만 대 이상을 판매하면서 전 세계 스마트폰 시장관계자를 또 한 번 놀라게 했다. 최근 삼성은 반으로 접히는 제품인 '갤럭시폴더블폰'을 2019년 2월 출시해 7.6인치 이상의 대형 화면을 보면서 스포츠 중계나 게임을 가능하게 만들었으나 무게를 줄여야 한다는 숙제가 남아 있으며, 현재 세계시장 점유율이 88%에 이르는 독보적인 제품이 되었다. 2022년도에는 시장규모가 10배 이상 커질 것이고 시장점유율은 소폭 하락한 75%로 예상되나 당분간 삼성전자의 폴더블폰 독주는 계속될 것으로 필자는 판단한다.

폴더블폰은 사용 시 계속 좌우로 접었다 폈다를 하기 때문에 UTG(초박막강화유리)라는 화면보호용 필름을 사용하므로, 메인 화면에 적용된 Ultra Thin Glass Display는 폴더블 디스플레이 폰에 엄청난 도약을 이룬 기술로서 패널구조를 최적화하고 새로운 보호필름을 적용해서 내구성을 대폭 강화한 폰이다. 또한 삼성은 상하가 반으로 접히는 갤럭시플립폰도 2020년 출시하면서 기존 스마트폰에 질린 고객들에게 디자인 혁신 폰으로 환영받는다. 특히 여성 고객들 사이에 인기가 높아서 짧은 시기에 판매량을 크게 증가시킨 인기모델이 되었다. 최근 출시된 플립3폰도 출시 한 달도 안 돼서 국내에서만 백만 대 이상 판매가 되고,

특히 중국시장에서 여성 고객들이 폭발적인 반응을 보이고 있어 단숨에 천만 대 이상 판매될 것으로 본다.

향후 스마트폰은 둘둘 말아서 간편하게 갖고 다니다가 펼쳐서 사용 가능하게 될 것으로 보인다. 스마트폰도 더욱 혁신되어서 현재는 하루 걸음 수 정도만 표기되지만 향후 맥박, 체온, 혈압 등을 체크할 수 있는 스마트폰도 조만간에 출시될 것으로 예상된다. 한때 애플을 밀어내고 중국 화웨이폰이 시장점유율 2위로 올라선 적이 있으나 최근 하락세를 보이며, 애플이 다시 2위로 올랐고 샤오미가 3위로 등극했다. 삼성스마트폰의 시장점유율을 턱밑까지 추격한 중국 스마트폰 회사가 향후 100년간 넘볼 수 없도록 또 한 번의 차별화되고 혁신된 삼성스마트폰이 출시되길 고대해 본다.

PART 4

한 계 를
뛰 어 넘 는 삼 성

한번 1위를 하면 절대로 1위 시장을 빼앗기지 않는 것이 삼성전자 제품의 전통이어서
지금의 글로벌 초일류 최첨단 기업인 삼성전자로 자리잡는 동기가 된 것으로 보인다.

SAMSUNG SAGA

무조건
살아남아야 한다

SAMSUNG SAGA

필자의 전공은 전자공학이다. 해외주재원 근무 시절, 주로 구매업무와 기술제휴선 계약, 신상품과 경쟁사 조사 업무를 담당하다가 한국 본사로 복귀 후 신규업무인 상품기획, 기술기획, 경영전략 등의 업무를 수행한 게 업무경력의 거의 전부나 다름없었다. 하지만 반도체사업부 출신으로 삼성전자 반도체를 성장시키는 데 일등공신인 분이 총괄 대표이사 부회장으로 승진하고 얼마 지나지 않아 반도체조직은 그대로 살리고 통신, 가전, 컴퓨터사업에 대한 구조조정이 이뤄졌다.

필자의 조직에도 기획부장이라는 직책으로 일하는 여러 사람이 있었다. 상품기획, 기술기획, 경영기획, 전략기획, 개발기획, 생산기획, 영업기획, 마케팅기획 부장들이 각자 분야에서 최선으로 조직을 이끌어 나가고 있었다. 그러나 이런 조직도에서 한 사람만 남기고 나머지 부장들은 회사의 구조조정으로 인해 본인의 의도와 다르게 업무 경험이 전혀 없는 국내 영업 태스크포스팀 개념의 부장으로 발령을 냈다.

일부는 전혀 경험 없는 부서로 발령이 나자마자 불만에 사표를 제출하고 경쟁사의 동일 업무부서로 옮겨가서 삼성의 영업입장을 난처하게 만들기도 했고 공개 입찰 설명회에서 경쟁회사의 얼굴로 맞대기도 했다. 주변 조직에서도 필자가 얼마 못 버티고 퇴사할 것이라며 수군거리는 말도 수차례 들었지만, 여러 고민 끝에 경험도 쌓고 한번 도전해 보자는 정면돌파의 심정으로 회사 발령에 따랐다. 2주 정도 힘든 기간을 참고 지내자 부장 한 사람당 직원 10여 명이 배치되었고 사무실에도 정상적인 책상과 의자가 배치되어 영업조직의 모양새를 갖춰가기 시작했다. 조직을 꾸려 나가야 한다는 절체절명의 시점에서 부원들과 함께 식사를 하고 소주도 마시면서 "이 조직에서 살아남자, 이왕 이렇게 되었으니 똘똘 뭉쳐서 한번 이 난국을 정면 돌파하자"고 용기를 불어넣으면서 서서히 분위기를 끌어올리기도 했다.

필자는 영업총괄 임원에게 건의해 2주간 삼성기술원에 들어가 합숙을 하면서 우선 영업의 기본 마인드는 물론이고 정부기관, 공단, 협회, 교육기관, 일반회사, 대리점 유통 등에 대한 치밀한 시장조사 파악 및 난상 토론으로 향후 영업의 방향을 익히고 영업부로 복귀했다. 복귀한 후에도 오전 10시면 타부서의 국내 영업 직원들은 외출 나가서 영업활동을 하고 수주를 가져오는 게 태반이었으나, 필자의 부서 직원들은 가서 영업할 곳이 마땅치 않아 사무실에서 시간을 보내는 경우가 많았다. 필자는 '이러다가는 조만간 국내 영업본부 조직에서 퇴출당할 테니 나가서 놀다 들어오더라도 오전 10시에는 외근을 나갔다가 오후 5시경 사무실로 복귀해 일과를 정리하라'고 지시했다. 그리고 회사 경리과에 부탁해서 지하철 월간 이용 가능한 프리티켓도 구매해 영업을 독려했다.

하지만 이러한 노력에도 영업상황은 쉽사리 바뀌지 않았다. 필자는 할 수 없이 영업담당 임원을 찾아가 창피하지만 영업할 대상을 달라고 읍소해야 했다. 마지 못해 영업담당 임원은 갑자기 국내영업부장들을 영업부 회의실로 모아 놓고서 각자 보유 유통대리점 1개 이상 떼어서 필자의 부서로 넘기라고 지시해주었다. 필자는 영업 대리점을 마지못해서 떼어준 영업부장들에게 그나마 고마움을 전하면서 식사도 대접하며 한숨 돌렸다고 생각했지만 오산이었다. 1개월에 주문이 1대도 안 들어오는 대리점뿐이었기 때문이다.

이대로 있으면 실적 제로로 월말 영업부장회의 시 그대로 집중포화를 받을 것이 예상되어 대리점 개설에 필자가 직접 영업해서 신규로 늘려나가는 수밖에 없다고 판단을 내리고 이 업무에만 집중키로 결정했다. 거기다 필자의 고향에 있는 학연, 지연, 친인척 등을 집중적으로 만나면서 삼성 대리점을 하면 돈을 벌 수 있다며 사방천지를 휘젓고 돌아다녔다. 다행히 필자의 사정을 알아챈 지인들의 소개도 많이 받았고, 소개받은 지인들이 흔쾌히 대리점을 개설해 주었다. 대리점 1개를 개설하면 대리점 간판 지원, 샘플 및 진열 제품을 포함한 초기 오더 제품은 담보 한도 내에서 특가로 제공하고 개설 6개월간은 본사의 지원(간판, 카탈로그, 지역 현수막 광고, 기타 액세서리 부속물 등)을 받는 시스템으로 개설 즉시 판매실적은 기본이 1억은 넘어갔기 때문이었다. 여러 달 직접 발로 뛰어다닌 결과 대리점이 15개 정도 개설되었고 신규 대리점들을 소속 직원들에게 배분해주고 향후 철저한 주 3회 이상 방문관리 및 영업을 하면서 부서는 점차 안정화되어 갔다. 그 시점에 갑자기 국내 영업본부에 1개월간 대리점을 최대로 많이 개설한 부서에 포상을 주는 시스템이 가동되었고 이미 수개월 전부터 노력한 필자의 부서는 타 부서를 제치고 1등을 하게 되었다.

영업은 크게 직판과 유통으로 나누어지는데 유통영업인 대리점 개설에서 입맛을 본 필자의 부서는 여기에 만족하지 않고 더욱더 영업업무의 활동 방향을 늘려 가면서 직판 영업 분야로도

전해 나갔다. 필자는 어느 날 지나다가 불교의 태고종 사무실을 발견하고 무조건 방문해서 사무총장을 뵙게 되었다. 태고종은 불교의 한 줄기로서 모든 절이 개인 소유이고 결혼도 해 자녀를 두기도 하는 종교로 절마다 크기 차이는 있지만, 그런 대로 안정적인 종교활동을 하던 사찰들로 이뤄져 있었다.

상품기획 담당부장으로서 경험상 아이디어가 떠오른 필자는 사무총장에게 제안을 했다. 흔히 고민이 있는 불자들이 절에 찾아와서 숙식도 하고 108배 절도 하는 곳이 사찰이라는 장소의 특징이다. 필자는 생전 한 번도 토정비결을 본 적이 없었지만 그 당시 삼성이 개발한 사주팔자 소프트웨어 디스켓을 무료로 제공하겠다고 사무총장에게 컴퓨터 영업을 했다. 일주일 후 사무총장으로부터 한 통의 전화를 받았다. 태고종 전체 회의에서 필자가 제안한 것을 설명하니 전국의 태고종 소속 절 여기저기서 주문이 쏟아졌다는 내용이었다. 이 영업은 대리점을 통해 설치하는 방식으로는 무리라고 판단한 필자는 직원들에게 직접 설치 교육을 시키고 원거리 지역인 산중턱 속 절까지 직접 배송하고 현지에서 1박 2일간의 설치 교육을 통해 완벽한 서비스를 제공하면서 차후 조계종, 진각종, 조동종, 원불교까지 퍼졌다.

1년여의 짧은 국내 영업부 경험이었지만 영업에는 왕도가 없다는 말처럼 고객을 상대하는 영업맨들은 소속사들의 얼굴이고 신규고객 발굴은 물론 판매전략과 고객관리까지 주인의식을 갖고 고객의 필요한 부분을 빨리 알아내 제안하는 가이드 역할을 해야 한다. 마케팅의 4P(product, price, place, promotion : 제품, 가격, 유통, 촉진)를 활용해서 고객에게 신뢰감과 정직함으로 다가가고 고객의 소리를 잘 경청하고 이것을 잘 적용해야 영업실적도 급상승할 수 있다. 이후 필자는 어학이 능힌 관계로 1년여 만에 해외 사업부로 이동하며 국내 영업부 직원들의 부러움을 한몸에 받고 국내 영업 경험을 마감하게 되었다.

CAHPTER 02

일본에 삼성 제품을
전시하라

SAMSUNG SAGA

어느 날, A 부장에게 미션이 주어졌다. 일본 동경의 전자상가가 밀집된 아키하바라에 삼성전자 제품을 전시하라는 지시였다. 동경 아키하바라역에서 내리면 대형 전자유통 빌딩들이 있다. 제일 큰 회사는 지금도 유통시장 1위인 요도바시 카메라와 빅 카메라, 사쿠라야 카메라 등이다. A 부장은 역 바로 정면에 라옥스(LAOX)라고 쓰인 큰 건물에 고객들이 넘치는 것을 보고 일단 상가로 들어가서 1차로 시장조사를 했다.

다음 날 전략을 세운 A 부장은 라옥스 건물에 들어가서 일단 국내 지인들이 그 당시 일본 가면 사다 달라는 조지루시 밥솥(코

♔

아키하바라

끼리 밥솥)을 사고자 매장을 살피다가 비교적 인자하게 생긴 50
대 중반의 점원에게 접근해 구매 상담을 하고 담당자 명함을 받
았다.

다음 날 또다시 라옥스를 찾은 A 부장은 재차 어제 상품구매
시 면담한 사람을 찾아서 이번에는 니콘 필름카메라를 구매하며
반갑게 인사를 하고 헤어졌다. 또다시 다음 날 라옥스을 방문한
A 부장은 조지루시 보온통을 구매하면서 3번째 안면을 텄다. 그
리고 그때서야 삼성전자 명함을 건네면서 솔직한 대화를 나누었
다. "삼성전자 제품을 라옥스에 전시하고 싶은데 어떻게든 길을
만들어 달라"고 바짓가랑이를 잡는 심정으로 애절하게 간청을
했다. 하지만 점원은 일단 아키하바라 라옥스 총괄 점장에게 보
고해볼 테니 다음 날 다시 찾아오라고 했다. 이후로도 라옥스에
전화를 수차례 하고 나서야 총괄 점장을 어렵게 만날 기회가 주
어졌다.

점장을 만난 A 부장은 삼성맨 특유의 정신으로 제품에 대한 설
명을 목이 터질 정도로 간절하게 설명을 했으나 돌아온 답변은
"검토해 보겠습니다"였다. 일본 주재원을 다년간 지낸 담당부장
은 무슨 뜻인지 금방 눈치를 챌 수 있었다. 대게 일본인들은 거
부 의사를 표시할 때 직설적으로 안 된다고 말하지 않고 검토해
보겠다고 흔히 말한다. 얼굴이 사색이 된 부장은 어쩔 수가 없었
기에 그래도 감사하다며 인사를 하고 그 자리를 떠났다.

한국으로 귀국한 A 부장은 포기할 수 없었다. 물에 빠지면 지푸라기라도 잡는다는 심정으로 샘플을 챙겨서 다시 일본 출장을 떠났다. 또다시 라옥스를 찾아 전에 만났던 점원에게서 이번에는 10만 엔이 넘는 니콘 수동 고급카메라를 구매했다. 그러고는 간절하게 "비밀은 지킬 테니 점장님 집 주소를 알려달라"고 간청해 알아냈다. 점장의 집은 일본 가와구치시(동경 아키하바라 전철역에서 30~40분 거리)에 살고 있었다.

기독교 신자인 A 부장은 기도를 하면서 저녁 늦은 시간대인 밤 9시경 점장이 거주하는 아파트에 직접 찾아갔다. 하지만 현관 벨을 누르자 친절한 중년의 아줌마가 아직 집에 들어오지 않았다고 하면서 무슨 일로 찾아 왔냐고 물었다. 솔직한 답은 못하고 한국 삼성전자에서 온 부장인데 오늘 반드시 점장님을 뵙고 인사를 드려야 한다고 설명을 하니 "그럼 언제 올지 모르지만 녹차한잔을 하면서 기다리라"고 해서 가져간 한국산 고급 김을 선물로 주면서 기다렸다.

드디어 밤 10시가 넘어 라옥스 점장이 집에 귀가했다. 열 번 찍어서 안 넘어가는 나무 없다는 말처럼 A 부장은 안 되면 열 번 이상 찾아가겠다는 심정으로 자존심을 다 버렸다. 이 업무를 꼭 성공시키겠다는 신념 하나로 버티겠다는 각오였다. 술에 약간 취한 점장에게 A 부장은 "죄송합니다. 살려주십시오. 이 건이 성사되지 않으면 저는 회사에서 해고되고 말 겁니다"라고 완곡하게 말하자 점장의 반응이 의외였다.

"내가 점장을 10년 했지만 당신처럼 끈질긴 사람은 처음 봅니다. 내일 라옥스에서 다시 편한 마음으로 보시지요."

그날 자정에 호텔로 돌아온 A 부장은 밤잠을 설치고 다음 날 약속 시간에 라옥스로 가서 점장을 다시 만났다. 점장은 어렵게 라옥스 대표이사를 설득해서 승낙을 받았다고 했다. 단, 당장은 안 되고 신제품이나 계절상품 교체 시 삼성전자 제품을 놓을 자리를 확보해 주겠다는 것이었다.

그로부터 수개월 후 드디어 라옥스 전시제품 리뉴얼 시 삼성전자 하드디스크 드라이버와 CDROM 드라이버가 좋은 자리는 아니지만 구석진 자리에 삼성 로고와 판매가격이 적힌 상태로 전시되었다. 이후 14인치 모니터 중 세계시장 1위인 싱크마스터 컬러모니터가 자리를 잡게 되어서 일본 개인 구매고객 중 일부는 삼성 제품을 사 갔다는 말도 있었다. 그리고 삼성 임직원들이 일본 출장 시 반드시 라옥스에 들러서 삼성 제품을 보고 인증샷을 찍어서 프린트된 사진을 제출해야 출장비 정산이 되었고 윗분도 이를 확인하고 결재가 되었다고 한다. 왜냐하면 삼성은 그 당시 일비와 호텔비를 직급별로 책정해서 지급했는데 근거가 남는 업무형태의 접대비와 고객용 선물대, 교통비는 별도로 추후 정산해주는 시스템으로 운영되었기 때문이다.

후일 A 부장은 고마운 마음으로 한국에서 사 간 고급 선물을 점장에게 선물했고, 그 이후 점장도 한국에 들르는 등 사업을 계기로 두 사람 간의 우정도 쌓였다. 이렇듯 영업은 사람의 마음을 감동시키는 일인 것 같다.

일본 전자시장에
삼성 제품을 판매하라

SAMSUNG SAGA

1990년대 초반 이건희 회장은 해외사업부장을 회장실로 호출한다. 이제는 삼성도 품질과 기술 수준이 어느 정도는 올라왔고, 미국, 유럽시장에 삼성전자 제품이 팔리고 있으니 일본지역에도 삼성 제품을 판매하라는 지시였다. 지시를 받은 해외사업부장은 고민을 하다가 일본통인 담당부장을 호출한다. 자네가 지난번에 어렵다는 아키하바라 전자시장에 삼성 제품이 전시되도록 성사시켰으니 이제는 본격적으로 일본시장에 전자 제품을 판매해 보라는 지시였다.

첫마디를 들은 담당부장은 어안이 벙벙하고 헤머로 뒤통수를 한 대 맞은 기분이 되어 "그건 불가능합니다. 아직은 시기상조입니다"라고 반문한다. 그리고 부연 설명을 한다.

"일본 기업들은 거의 다 자국 제품을 선호하고 구매합니다. 실례를 들면 미국 자동차 최대기업인 GM(General Motors)도 일본 시장을 만만히 보고 뛰어들었다가 실패하고 철수했습니다. 일본 국민들은 가격이 아무리 비싸도 자국의 도요타, 닛산, 혼다 자동차를 구매하고 타고 다닙니다. 따라서 동경 시내에서 해외 자동차를 찾아볼 수 없는 게 일본시장입니다."

하지만 사업부장은 "그건 나도 잘 알고 있는 사항이네. 하지만 어쩌겠나. 회장님 의견이 나왔으니 자네가 힘이 들겠지만 한번 맡아서 멋지게 성공을 하라"고 지시했다. 그러자 담당부장은 "한 가지 조건이 있습니다" 하고 건의를 한다. "1년간 일본 매출이 제로가 나와도 저에게 인사고과 시 불이익를 주시지 마십시오. 그런 조건이라면 한번 도전해 보겠습니다" 하고 약속을 한다. 자리로 복귀한 담당부장은 고민을 하면서 '그래, 이왕 이렇게 된 거 한번 후회 없이 업무를 해보자'고 결심을 한다.

과거 일본 근무 시 구매를 했던 경험으로 일본 회사 영업담당자 리스트를 1차로 정리하고 판매 가능한 회사도 머릿속으로 그려본다. 하청 생산회사도 조사해서 리스트를 만든다. 그리고 이건희 회장 지시로 일본 기업에서 근무하다가 퇴직 후 삼성전자 고문으로 근무 중인 일본인 고문 리스트를 만들고 한 분 한 분 찾아가서 도움을 청한다. 평생 한 직장에서 근무하다가 거의 부장급으로 정년하신 분들이라서 노련하고 지인들도 많았다. 그 당시 일본 고문들은 삼성전자와 3년 계약을 하고 한 달 중 1~2주는 한국에서 나머지는 일본 삼성전자 본사에서 자유롭게 근무하던 시절이었다.

담당부장은 리스트 된 일본 기업을 대상으로 미팅 약속을 잡고서 1차 일본 출장 갈 계획을 한다. 그리고 판매 가능성이 있는 제품도 골랐다. TV는 소니 제품이 월등해서 불가능, VTR도 일본 제품들이 꽉 잡고 있고, 냉장고와 세탁기도 안 되고 무엇을 판매할지 고민 끝에 소형제품인 HDD, CDROM DRIVER, 14인치 모니터 정도로 정하고 판매 전략을 구성한다. 1차 리스트 회사는 대게 큰 기업은 아니고 중견 중소기업인 하청 기업들이 대부분이었다. 하지만 담당부장은 삼성전자 제품 샘플을 챙겨서 1차 일본 출장길에 나선다. 하지만 반응은 예상대로 싸늘했다.

"일단은 테스트해보고 검토하겠으나 큰 기대는 하지 마십시오"라는 말이 대부분이었다. 이는 일본 상술상 거의 거부 의사를 간접적으로 표현한다는 것을 담당부장은 인지하고 있었다. 일단 한국 본사로 돌아온 담당부장은 여기서 물러서지 않고 좀 더 세밀하게 고객에게 접근하는 방법을 채택하게 된다. 일본 동경에는 KOTRA에서 파견된 주재원들이 있기에 그들에게 도움을 부탁한다. 하지만 "최선을 다해 보겠지만 장담은 드릴 수 없다"는 말을 듣는다. 그들이 도움을 주었지만 목표로 한 기업은 전혀 관심이 없는지 요지부동이었다. 또다시 좌절한 담당부장은 이번에는 일본 동경의 한국대사관을 찾아간다. 그리고 무역담당자에게 이번 건이 성사가 안 되면 회사에서 잘려나갈 수도 있다고 간절한 마음으로 호소를 한다. 대사관 담당지도 이해가 간다고 하면서 일본 정부 담당자를 만나 미팅이 성사되도록 노력하겠다는 말을 듣고 간단한 식사 후 선물을 전달하고 나온다.

그 후 일본 기업의 핵심 담당자와 연락처를 받게 된다. 이게 동기가 되었는지 목표로 한 일본기업 미팅을 하게 된다. 미팅하는 날 90도 각도로 첫인사를 하고 삼성 제품의 장점을 목이 터질 정도로 설명을 자세하게 하면서 가져간 샘플을 주고 테스트를 의뢰한다. 그 기업은 역시 예상대로 일본기업체 생산 제품을 100% 사용 중인 기업으로서 아주 대표적인 보수 기업 중 하나였다. 그날 미팅은 그 상태에서 끝이 났지만 담당부장은 타 국가 출장 중에도 반드시 일본을 들러서 오면서 사전 약속이 잘 안 되어도 무조건 해당 기업을 방문하여 책임자가 있으면 차 한잔이라도 하면서 주변 분들 안면을 넓혀가게 된다. 부재중이면 메모와 함께 가져간 조그만 선물도 반드시 전달해 달라고 부탁을 하고 여러 차례 반복적으로 방문을 한다.

오랜 기다림 끝에 드디어 최종테스트 결과가 나왔으니 미팅을 하자는 연락이 와서 바로 일본 출장길에 나서게 된다. 그런데 날

씨가 갑자기 나빠져서 가는 날부터 비가 억수로 내리기 시작하더니 동경 도착한 날에 공항에 내리자 비는 더 세차게 내렸고 밤새 호텔 창문을 박살 낼 것처럼 더 세차게 비가 내렸다. 하룻밤에 거의 500mm 가까운 비가 내린 건 일본 역사상 처음이라는 뉴스가 TV에서 나온다. 큰일이지만 일단 약속을 한 이상 목표로한 기업으로 가야 되는데 배수로 시설이 세계 최고 수준인 일본도 내리는 비를 감당하지 못하고 도로 배수관이 역류로 넘치고 지하철 선로까지 물이 들어올 정도였다.

모든 대중교통이 올스톱되어서 전철은 이용 불가한 상황이었지만 담당부장은 우산을 들고 호텔 앞 도로에 서서 택시를 기다렸으나 간간이 버스는 운행하고 있었고 택시는 거의 없었다. 약속회사로 가는 방법은 오로지 택시가 유일한 대중교통이었다. 일본 택시는 한국과 달리 승차거부를 안 하는 게 철칙이었으나, 상황이 상황인지라 그날은 택시를 잡을 수가 없는 상황이었다. 그렇게 기다리다가 운이 좋았는지 택시를 타게되어서 목적지를 대자마자 거기까지 가는 건 좀 무리라는 답을 듣는다. 하지만 담당부장은 삼성전자 명함을 주면서 사정을 한다. 요금은 2배로 드릴 수 있으니 어떻게든 가자고 울상이된 표정으로 부탁을 한다. 그러자 70세에 가까운 택시기사는 그럼 갈 수 있는 데까지 최선을 다해 가겠다고 약속을 하자 그제야 이제는 살았다고 고마움을 표한다. 그래도 당시 일본 택시는 통신수단인 TRS(Trank Radio System) 장치가 있었으므로 도로가 막히면 서로 간의 통신으로 다른 도로를 이용하거나 택시회사 본사의 안내로 조금 늦었지만 목표 회사에 도착했다. 담당부장은 요금을 2배로 주면서 영수증을 요구하자 택시기사분은 웃으면서 일본은 그런 일 안 한다고 하면서 미터로 나온 요금만 받고 영수증을 준다. 담당부장은 택시기사의 성함을 영수증에 재빨리 적고 재차 감사하다는 말을 한다. 택시는 떠났지만 담당부장 옷과 구두 머리는 온통 비를 맞아서 꼭 물에 빠져서 나온 생쥐 모습과 비슷한 상황이었다.

그런 모습으로 목표기업에 들어가자 키맨인 구매와 품질담당부장은 깜짝 놀라면서 이런 날씨에 동경에서 멀리 떨어진 이곳까지 어떻게 왔냐고 놀라움을 금치 못한다. 담당자는 약속을 지키는 게 삼성 세일즈맨 정신이라고 대수롭지 않게 설명을 한다. 그러자 마음에 감동이 왔는지 구매책임자는 테스트에는 통과되었으니 가격을 좀 깎자고 하면서 일본 기업제품의 80% 가격대로 계약을 원하고 있었다. 그 말을 듣고 순간적으로 당황한 담당부장은 잠시 시간을 달라고 하고서 급하게 한국에 있는 해외사업부장에게 전화로 보고를 하였으나, 대답은 반대로 나온다. 이건은 가격이 문제가 아니라 일본시장에 삼성 제품을 판매하는게 목표이니 당신이 알아서 계약을 성사하고 오라고 화를 내면서 지시를 한다.

오히려 야단을 맞은 담당부장은 미팅 자리로 돌아와서 일본 구매책임자를 설득한다. 회사의 목적은 이익을 내는 겁니다. 적자로 판매를 할 수는 없으니 네고 협상을 제안하게 되었고 삼성담당자는 일본 기업에서 제시한 가격보다 10% 정도 올려서 계약을 하게 된다. 그리고 일본 구매책임자가 농담조로 당신 같은 사람이 있어서 오늘의 삼성전자가 크게 성장한 것이라고 칭찬을 한다. 일본말로 악바리 같은 사람이 당신이고 한번 물은 바이어는 끝까지 물고 늘어지는 타입이라고 하면서 다른 영업맨은 그저 담배나 김 정도 매번 같은 선물을 주고 가는데 당신은 어떻게 매번 다른 선물 그것도 구매자 취향에 맞는 선물을 사다 주냐고 한바탕 웃는다. 구내식당에서 식사를 할 때 담당부장은 부연 설명을 했다.

"이게 저의 영업전략입니다. 저는 구매책임자 미팅 시 눈썰미로 구매자의 옷매, 몸 사이즈를 보고 이에 맞는 와이셔츠, 티셔츠를 사다 드렸고, 넥타이 색상을 기억하고 이에 맞는 고급 실크 넥타이를 골라서 선물로 준비해서 드렸을 뿐입니다. 다음 선물도 매번 다른 선물을 고민 끝에 골라서 가죽벨트, 지갑, 장갑, 넥타이핀, 고급 자개보석함, 사모님용 실크 스카프와 여성장갑, 양말세트, 술, 담배, 골프공 세트 등등의 선물을 드린 것밖에 없습니다."

기분 좋게 첫 계약을 마친 부장은 비기 여전히 내리는 가운데 목표회사가 제공한 회사 승용차로 무사하게 동경호텔로 돌아온다. 담당부장의 구두와 옷은 비로 인해 엉망진창이 되었지만 바로 벗어서 호텔에 세탁을 의뢰하고 구두는 버리고 시중에서 가장 싼 구두를 구입해 신고 한국으로 귀국을 한다. 이후 사업부장이 인사차 일본 출장 시에는 50만 원 상당의 고급 청자를 구입해서 선물로 드려서 일본 구매책임자의 마음을 감동시키게 된다. 그 이후 일본 구매책임자를 한국 삼성전자로 초청해서 생산라인 견학도 시키고 서울 시내 관광, 민속촌관광을 하면서 서로 간의 인간관계를 더욱 돈독하게 해간다. 그리고 잊지 않고 일본 택시 기사를 찾아서 식사 및 선물을 드리게 된다.

다른 에피소드를 소개하면 일본 판매 후 갑자기 삼성 제품이 동작이 안 된다는 연락을 받고 담당부장은 개발책임자를 대동하여 즉시 일본 출장을 간다. 그리고 불량제품을 신고한 제조사로 방문하여 미팅을 시작한다. 불량제품을 본 개발책임자는 동행한 담당부장의 옆구리를 치면서 잠시 브레이크 타임을 요청한다. 그리고 잠깐 나가서 둘이서만 대화하자고 한다. 이유는 간단했다. 일본 제조담당자가 실수로 제품 핀의 위치를 바꿔서 동작이 안 되는 것으로, 이는 삼성의 책임이 아니라고 설명한다. 5분간 쉬는 시간 후에 일본 기업이 준 삼성 불량 제품의 핀을 제대로 맞춘 후에 테스트하니, 제품이 정상적으로 가동을 한다.

깜짝 놀란 일본 테스트 담당은 어찌 그렇게도 빠른 시간에 수리를 했냐고 반문을 했지만 웃음으로 대답을 대신한다. 사실대로 말했다간 일본 생산담당자 입장이 아주 난처하게 바뀔 것을 알고 있기 때문이다. 점심식사 후 돌아온 자리에서 생산 담당자에게만 설명을 하면서 미팅은 끝이 난다. 판매한 제품 몇 박스를 가져다가 확인을 시키니 삼성전자 말이 맞는 것을 확인하면서 서로 간의 무안한 입장을 비껴갔다. 일본 관계자 입장도 살려주고 삼성 입장도 살린 윈윈전략이 되었다고 판단된다. 이후 일본 생산담당자는 적극적으로 삼성 제품의 홍보맨이 되어준 건 사실이고 서로 친구처럼 친하게 지낸다. 이는 결국 사람의 마음을 사야 비로소 영업은 가능하게 된다는 정설을 확인케 된 동기가 된 것이다.

톨게이트
요금자동화장비 유치전

SAMSUNG SAGA

로마제국의 번영을 나타내는 속담 중 "모든 길은 로마로 통한
다"는 말이 있다. 실제로 로마제국은 수도 로마로 통하는 길이
셀 수 없을 정도로 많았다고 한다. 기원전 3세기부터 기원후 3세
기까지 약 600년간 8만 5,000km의 포장길과 40만km 부속길
이 건설된 것이 일반도로의 효시가 된다. 이중 최초의 도로는 기
원전 312년에 건설이 시작된 '아피아 가도'이다. 로마에서 아드
리아 해안의 종점 브린디시까지 총 연장 540km의 이 도로는 지
금도 사람과 자동차가 다니는 포장도로로 사용 중이다. 고속도
로는 1909년 프로이센의 하인리히 왕자를 중심으로 '아부스

(AVUS)'라는 회사가 설립되면서 본격적인 자동차 전용도로의 건설계획이 구체화된다.

자동차전용도로 건설을 위한 도시는 독일 베를린으로 결정된다. 제국철도 베를린 지청이 1911년에 발행한 보고서에 안정성을 위한 중앙선과 주행성을 높일 수 있는 설계도면을 보면 짐작이 간다. 전 구간 야생동물과 보행자의 도로진입을 막는 울타리가 설치되고 녹지대 조성과 친환경적인 설계로 되어 있다. 이 설계를 기본으로 1913년 6월부터 1914년 가을까지 완공키로 하였으나 1차 세계대전으로 중단되었다가 1919년 완공된 것이 최초 고속도로이다.

한국의 고속도로 건설은 1964년 박정희 대통령의 서독 방문 당시 박정희 대통령은 독일 본과 쾰른 간의 속도 무제한 고속도로인 아우토반을 여러 번 왕복하면서 아우토반을 달리다가 잠시 차를 세우고 본인이 직접 수첩을 들고 서울에서 부산까지 주요 도시를 잇는 경부고속도로 계획을 그리고 공사비까지 알아보았다는 일화가 있다. 독일 방문 후 1967년 12월 15일에 '국가기간 고속도로 건설계획조사단'을 발족시키면서 체계적으로 준비에 몰입한다. 그 당시 야당은 물론 여당 일부 인사도 부유층만이 타고 다니던 자동차가 얼마 안 다니던 시절에 고속도로 건설은 시기상조라고 반대 의견도 제시되었고, 특히 언론사인 동아일보는 1967년 11월 21일자 기사에 "의욕만 앞선 경부 간 고속도로의

문제점"에서 "심각한 주택난 하나도 제대로 해소시킬 능력을 갖
지 못한 우리나라 재정 형편에 어떻게 이런 방대한 사업을 어떻
게 2년 6개월 만에 완공시킬 수 있다는 것인가"라고 비판하기도
했다. 조선일보도 1967년 12월 7일자 기사에 "최소 600억 원이
투입되는 고속도로 건설은 자금도 문제지만 충분한 사선검토와
대책을 세워 전 국민의 협조를 얻은 후 건설을 하라"고 조언했다.

고속도로 투자예산은 해외 차관 없이 국내 자본으로 시행에
돌입하고 건설부안은 650억, 현대건설은 380억, 육군공병단은
490억이었고 최종적으로 현대건설이 태국고속도로 건설 경험
이 있었기에 실질적 건설비용은 100억이 추가된 430억으로
1Km당 1억원으로 가장 저렴한 가격으로 최단기간 2년 5개월
만(1968년 2월 1일 기공하여 1970년 7월 7일 완공)에 서울과 부산을 잇
는 대한민국 대동맥인 경부고속도로(연인원 892만 8천 명과 165만
대의 장비 투입)가 완공되었고, 이때부터 고속버스 회사도 고속버
스를 운행했다. 당시 국도로 15시간 걸렸던 서울-부산 간을 5시
간 내로 통행이 가능케 되면서 시공사 현대건설 정주영 회장은
박정희 대통령의 전폭적인 신뢰를 받게 된다.

개통 당시 박정희 대통령은 치사를 통해 "고속도로 공사는 우
리 역사상 가장 거창한 대역사로 우리의 피와 땀과 우리의 기술
만으로 가장 저렴하게 완공된 고속도로로서 우리들이 하나로 똘
똘 뭉쳐서 열심히 일한 의지의 결정으로 이루어진 대예술작품"

이라고 연설하고 이 공사에서 얻은 자신과 의지와 용기로 조국 근대화 작업에 매진하자고 강조하면서 공사에 참여한 공무원, 군요원, 감독관, 건설기술자, 노무자들의 노고를 치하했다.

고속도로 공사는 아스팔트방식 채택으로 자동차 소음은 최소화했으나 사계절 기온 차이가 큰 한국 지형상 겨울에는 결빙 및 염화칼슘으로 파손되기 쉽고 여름에는 고온다습한 무더운 날씨로 녹아내리기 쉬워서 차후 유지보수 비용(99년 말까지 약1,527억)이 더 드는 도로가 돼서, 자동차 바닥에서 올라오는 소음은 컸지만 도로확장 시나 신규 고속도로는 지금 현재의 콘크리트 방식으로 변경된다.

하지만 경부고속도로는 도시의 현대화에도 큰 영향을 미친다. 경부선 축을 따라 자동차, 제철, 정유 등 산업단지들이 크게 증가하면서 생산활동 인구가 대도시로 유입되고 도시는 더욱 성장을 거듭한다. 서울 부산 간 고속도로 노선이 개통되고 경부고속도로와 주요 지방로가 유기적으로 연결되면서 전국은 일일생활권이 되었으며, 해상수출의 반을 차지하던 물류기지인 부산항과 바로 연결돼서 수출입 물동량도 급격하게 늘고, 산업구조도 경공업에서 중화학공업과 수출 중심으로 변화시키는 혁혁한 공과를 올리게 되었다. 또한 경부고속도로는 순수 국내 토목기술 100%로 열악한 장비를 풀가동하여 건설된다. 이때 축적된 토목기술은 향후 중동 및 북아프리카 리비아 건설공사 진출에 큰 도움이 되었다.

　요금징수는 고속도로 초입 톨게이트 안에 근무하는 직원이 차량을 확인 후 어디까지 가는지 행선지를 질의하고 선결제로 요금을 현금으로 받고 용지에 출발지와 도착지를 적은 것을 차량 운전자에게 손으로 건네주면 운전자는 목적지 톨게이트에 이 용지를 근무 중인 직원에게 전달해주는 수동적인 방식이었으며 혹 운전자가 도착지를 갑자기 변경하면 도착지 톨게이트에 근무 중인 직원은 수동으로 계산해서 추가 요금을 받는 방식으로 운영되었다. 이것이 계기가 되어 호남고속도로, 88고속도로, 영동고속도로가 연이어 완공된다.

　1990년대 들어서 자동차에 대한 마이카붐이 급격하게 불어오면서 고속도로 통행 자동차가 늘어나자 요금징수에 대한 시간이 걸려서 자동차 대기시간에 대한 국민들의 불만이 커지자 정부는 통행요금 자동화에 대한 예산을 책정하고 건설부가 도로공사를 통해 사업공고를 내자 국내 삼성, 현대, LG, 대우 등 내로라하는 대기업 10여 사가 입찰에 참여한다. 최종적으로 삼성전자와 LG전자 2개사가 도로공사의 엄격한 실험을 통과했고 드디어 최종 테스트는 당시 건설 중인 중부고속도로 동서울 톨게이트에서 삼성전자와 LG전자가 각각 단독으로 톨게이트를 설치하고 요금 징수 테스트에 들어가면서 양사 간에 자존심을 건 치열한 수주 경쟁이 벌어졌다.

1988년 추석 귀성길 고속도로 톨게이트

당시 필자는 일본 출장을 다니면서 자주 본 일본 고속도로 톨게이트 요금자동화 방식을 보고 도로를 설계하고 기계를 제조하여 판매하는 미쓰비시를 설득해서 기술제휴를 하고 삼성전자 명으로 미쓰비시 장비를 도로공사에 제안했다. 아무래도 동양적인 사고로 설계되었고, 가격도 비교적 저렴하고 에프터서비스도 가까운 일본이어서 대응도 빠르다며 삼성전자는 도로공사를 적극적으로 설득해 나간다. 경쟁사인 LG전자도 유명한 고속도로 요금징수 자동화 설비 개발 영업사인 유럽회사와 기술제휴로 제안서를 제출한다.

당시 삼성이 제안한 제안서는 동서울톨게이트 앞 도로바닥 속에 센서를 깔고 자동차가 오면 센서가 자동차 바퀴와 차량 무게를 책정하여 승용차, 트럭, 버스를 인식하여 톨게이트 내에 설치된 통행권 발행에서 통행권이 나오면 운전자가 직접 뽑아서 목적지 톨게이트에 근무 중인 직원에게 발행권 용지를 건네주고, 용지를 통행권 판독기기에서 리딩하면 통행요금은 톨게이트 앞에 설치된 소형화면에 요금이 표시되고 운전자는 현금으로 결제를 하는 시스템이다. LG전자와 삼성 간의 치열한 현장테스트가 동서울톨게이트에서 수개월간 지속되었으며, 미비한 차이지만 에러율이 경쟁사보다 적은 삼성전자 손을 도로공사가 들어 주면서 삼성전자는 우여곡절과 불미스런 상황 발생에도 불구하고 당시 500억 가까운 고속도로 자동통행료 시스템 입찰에 성공한다.

하지만 1990년대 초반부터 자동차 수요가 수천만 대로 늘어가면서 톨게이트 정체 현상이 급격하게 늘어가자 도로공사는 한 단계 업그레이드된 통행료 자동화시스템을 도입한다. 일명 TCS(Toll Collection System)로 1994년 8월 16일 전면 시행에 들어간다. 톨게이트 내 부스 안에 근무자 없이 차량이 30km 미만으로 통과를 하면 자동차 유리 전면에 설치된 장치가 요금소의 안테나와 무선통신을 함으로써 차를 멈추지 않고도 요금이 지불되는 시스템이었다. 이 시스템 덕분에 톨게이트 요금소의 교통 정체가 완화되어 차가 막혀 짜증 나는 일이 현격하게 줄어들었다.

또한 교통 정체에 따른 대기오염과 소음이 줄어드는 이중효과를 가져왔다. 자동요금징수시스템을 이용하기 위해서는 ETC카드와 카드리더기인 차량탑재 단말기 2가지 장치가 필요하다. ETC카드에는 IC카드가 내장되어 있는데, 여기에는 요금과 신용카드 정보 등이 내장돼 있고, 자동차가 톨게이트를 통과하면 차량에 탑재된 단말기와 게이트가 정보를 순간적으로 주고받아 ETC카드의 데이터를 통해 요금을 지불하게 된다. 이 정보는 시스템센터에도 전달되어 운전자의 신용카드 회사에 통지된다. 이 장치도 초창기 요금징수 설비 도입 시 관련 기술 및 시스템 적용 노하우 부족으로 부득이 100% 외국산 설비를 도입 사용했으나, 1996년부터 설비도입의 주계약자인 삼성전자가 요금징수 핵심 설비를 기존의 설비와 호환성을 유지하면서 국산화 개발에 성공하고 도로공사 납품계약권을 확보한다.

　그리고 좀 더 향상된 기술인 '하이패스(hi-pass)'를 2000년 1월 부터 자동요금징수시스템으로 일부 고속도로에 설치 운영하다 가 2007년부터는 전국적으로 하이패스 운영을 실시했다. 하지 만 일부 운전자가 하이패스 톨게이트를 과속으로 통과하다가 운 전 부주위로 시설물과 차량 파손이 가끔 발생하자, 도로공사는 기술을 더 업그레이드했다. 기존 2개 이상의 하이패스 차로를 연결하고, 차로 간 톨게이트 시설물을 없애 차로 폭이 본선 도로 폭과 같이 넓기 때문에 주행속도 그대로 통과해도 안전하고 운 전자도 편안하게 운전할 수 있도록 한 것이다. 이후 다차로 하이 패스 차로에서는 한 건의 사고도 발생하지 않아서 교통사고 예 방에 크게 기여하게 된다. 초기 투자 비용은 크지만 장기적으로 보면 인건비를 최소화시키는 결과를 가져오게 된 것이다.

삼보컴퓨터를 꺾고
PC 국내시장 1위 탈환

SAMSUNG SAGA

PC(Personal Computer)는 제록스 PARC이 1973년 개발한 '제록스 알토(Xerox Alto)'가 데스크톱 변형과 그래픽 사용자 인터페이스(GUI)를 이용한 최초의 컴퓨터가 효시이다. 알토는 이후 개인용 컴퓨터 특히 애플의 매킨토시의 설계에 큰 도움을 주게 되면서 제록스 알토 개발팀은 컴퓨터 연구에 기여한 공로를 인정받고, 2004년 공학의 노벨상에 해당되는 '드라퍼상'을 받았다. 곧이어 1976년 애플의 공동 창업자인 스티브 잡스와 스티브 워즈니악이 '애플 1'이라는 세계 초유의 8비트(Bit) 퍼스널 컴퓨터(PC)를 개발하는 데 성공했다. '애플 1'은 스티브 잡스의 차고에서 제작한 제품으로 당시 판매가는 666.66달러로 알려진다. 두 사람은 '애플 1'을 지방의 부호들과 전자공학에 심취한 사람들에게 판매했고, 이듬해까지 약 200대를 판매하면서 간이 상용화에 성공한다. 1년 뒤 1977년 세계 최초의 상용화된 완제품 '애플 2'를 출시하면서 본격적인 PC 시대의 첫걸음을 내딛었다.

당시 '애플 2' 제품은 지금의 PC 형태와 다르게 컴퓨터 키보드, 메인보드, 전원장치가 하나로 합쳐진 일체형으로 개발되었고, 내부에 8개의 확장 슬롯이 있어 다양한 주변장치를 연결해서 사용할 수 있었다. 중앙처리장치로는 MOS 6502와 그 후속 제품들이 사용되었고 컬러 혹은 흑백 디스플레이를 연결하거나 가정용 TV로 영상을 출력하는 수준이었다. 저장장치로는 초기에 전용테이프 레코더가 사용되었고, 이후 현재는 사용하지 않지만 추억의 플로피디스크 드라이버(5와 4분의 1인치)가 많이 쓰였고 이에 따른 다양한 소프트웨어(dBase, 워드스타, 포트란, 코볼 등)가 탄생되었다.

필자도 한때 PC를 보고 호기심에 세운상가로 가서 그 당시 한 달 급여 이상의 비용을 들여서 부품을 구입하고 공개된 회로도를 입수하여 직접 8비트 PC를 만들어 가동이 되는 것을 보고 박수를 치며 신기해하기도 했었다.

한국의 최초 PC 사업은 미국 유타 대학에서 물리학박사를 받고 한국으로 귀국한 이용태 회장(삼보컴퓨터 설립자)이 미국 스티브 잡스, 빌 게이츠보다 더 일찍 한국에 개인용 컴퓨터(PC)의 필요성을 강조하면서 "아무도 시작하지 않는 시기에 한국이 개인용 컴퓨터 개발에 나선다면 세계시장을 이끌어 갈 수 있으니 엔지니어 100명을 3년간 지원해 주면 세계 최초의 마이크로 컴퓨터를 개발하겠다고 정부와 대기업에 읍소했지만 뜬구름 잡는 제안이라며 거절당했다. 이에 자극을 받은 이용태 회장은 꿈이 있는 엔지니어 7명이 1,000만 원의 자본금으로 1980년에 삼보전자엔지니어링(후일 삼보컴퓨터로 명칭 변경)을 설립하여 PC를 제조하여 수출도 하게 되었다. 특히 삼보는 500달러 PC를 세계에서 처음으로 판매한 기업으로 컬러모니터가 달린 트라이젬 PC를 미국시장 출시 6개월 만에 1위로 만든 대단한 벤처기업이었다. 당시 트라이젬 88제품은 미국 PC시장 인기 1위 제품이었다. 삼보컴퓨터는 한때 미국, 중국, 일본, 멕시코 등 글로벌 현지 생산공장을 설립해 세계 최고의 PC 생산 기반을 구축한 글로벌 제조업체로 급성장하기도 했다.

이후 벤처 창업 붐이 불면서 세운상가의 작은 기업인 한국마이컴, 희망전자, 석영전자, 골든벨 등 신생 제조사들이 우후죽순 늘어났으며, 1981년 큐닉스컴퓨터(이범천 설립), 1983년 비트컴퓨터(조현정 설립), 1985년 메디슨(이민화 설립)이 사업을 하자 정부도 뒤늦게나마 정보산업 육성방안의 일환으로 교육용 PC 보급에 나서 5,000대를 구입했다. 이에 자극을 받은 국내 대기업인 삼성전자도 조금 늦었지만 1983년 3월 삼성전자 PC 사업의 시작인 8비트 데스크탑 컴퓨터 SPC-1000를 개발하여 출시하게 된다. 또한 경쟁사인 LG전자는 패미컴FC-100를 대우전자는 아이큐 1000(MSX시리즈)를 출시하면서 삼보컴퓨터를 긴장하게 만든다.

1991년경 체신부 산하 기관인 전화국에서 전국 각지의 중요 지역인 역전, 상가, 학교, 대로변, 아파트, 정부기관 앞에 공중전화기가 설치되어 운영되는데, 그 당시는 100원, 50원짜리 동전을 공중전화기 투입구에 넣고 전화를 걸고, 통화시간이 짧아도 낙전은 그대로 전화기 속으로 들어가서 낙전 수입이 연간 수십억이 넘어가자 당시 주관부서인 체산부에서는 정부예산 138억원을 받아서, 낙전 수입금과 합쳐서 1차로 전국의 국민학교(현재 초등학교) 전산실에 각 31대씩 PC를 무상으로 공급했다.

그리고 초등생에게 선진 정보화교육을 시행코자 국내 기업을 대상으로 공개입찰공고를 낸다. 이에 따라 삼성전자, LG전자, 현대전자, 대우전자, 삼보컴퓨터를 포함한 10여 개사가 관심을 갖고 입찰 참여 의사를 낸다. 하지만 통신공사(현 KT)는 PC 1대당 44만 원 이하의 가격과 무상 A/S 3년의 무리한 항목을 입찰의 1차 조건으로 내세운다. 당시 PC 시판가격은 기종에 따라 최하 60만 원 후반대에서 최대 100만 원 이하의 가격이었다. 그러자 일부 업체는 단합을 해서 입찰을 무산시키자는 제안도 있었으나, 필자가 낸 아이디어는 입찰 마감 1분 전에 수의 단독계약은 불가능하므로 사전에 로얄컴퓨터와 협조하여 전격적으로 PC 1대당 40만 원대에 입찰가를 적어 내면서 입찰은 성사가 되었고 합법적으로 삼성은 28,000대를 공급하는 계약을 성사시켰다. 당시 제조원가는 30만 원대 초반으로 삼성전자는 손해 없이 오더를 받았고, 더구나 자라나는 초등생들이 삼성전자 PC로 교육을 받으면서 미래의 삼성전자 구매고객으로 넓혀 나가는 이중의 마케팅 효과를 올리게 되었다.

하지만 일부 입찰에서 탈락한 회사들의 반대가 심했으나 통신공사는 최종적으로 삼성전자의 손을 들어 주면서 최대의 PC 입찰경쟁은 막을 내린다. 이를 계기로 삼성전자는 PC 시장에서 신규 강자로 떠오르게 되었다. 이후 삼성전자는 오락기인 삼성겜보이의 인기를 등에 업고 알라딘 PC를 출시하면서 국내시장에서 선풍을 일으킨다. 그러다가 1995년 삼성은 PC 개발의 노하우를 살린 획기적인 PC인 그린컴퓨터를 전격적으로 출시했다. 그린 PC는 환경을 살려 준다는 의미로 브랜드를 만들었고 당시 전기소요가 많은 컴퓨터의 단점을 해결하며 폭발적으로 주부들의 마음을 사로잡았다.

그린 PC는 PC를 사용하지 않을 때에는 모니터의 전력 소모량을 제로화시켜 미국 에너지스타 기준을 만족시킴과 동시에 의도치 않게 전원이 나갈 경우에도 자동적으로 문서화시키던 내용이 저장되는 Second Memory를 탑재시킨 획기적인 제품으로 Hibernation(동면) 기능을 추가해서 PC를 켜놓고도 오랫동안 사용하지 않을 때에는 절전모드로 자동전환이 되는 당시로서는 파격적인 초절전 제품이었다. 이 히트 제품은 삼성전자 최초로 발명의 날 대상을 수상받게 된다. 그린 PC 이전 PC업계 5위, 국내시장 점유율 10% 미만에 불과했던 삼성전자 PC는 국내시장 점유율 25%을 넘어서면서 드디어 삼보컴퓨터를 밀어내고 국내시장 1위에 오른다.

이후 삼성은 그린 컴퓨터를 개선하고 삼성 매직스테이션 및 센스 브랜드를 출시하면서 당대 최고의 스타들을 광고 모델로 기용한다. 1994년 채시라, 1996년 장동건, 1997년 유승준, 1999년 김현주에 이어 2000년부터 2003년까지 배우 김정화가 센스의 CF 모델로 활동하고, 2004년부터는 배우 임수정을 광고 모델로 기용하면서 대대적인 TV와 신문 광고로 26년째 국내시장 1위를 고수한다.

특히 삼성 그린 컴퓨터 속에 내장된 HDD는 삼성전자 자체로 개발된 에코그린 HDD를 사용하면서 환경친화적인 특성을 갖추면서 기존 제품 대비 성능도 향상시키고 환경과 소비자를 모두 만족시키는 친환경 제품 라인업을 확대시킨다. 이후 삼성전자는 일본 도시바기술을 응용한 노트북도 출시하게 되는데 1996년 출시된 노트북PC 센스 810 제품은 사용자의 편리함을 위해 노트북 키보드가 좌우로 분리되는 버터플라이 형태의 키보드를 탑재하면서 국내 PC 최초로 1996년 7월 미국 시사주간지 타임지의 추천 상품으로 소개되었다. 2005년 출시된 M70 제품은 19인치 LCD 화면을 떼어내어 사용할 수 있는 파격적인 노트북으로써 LCD 화면만 떼어서 모니터로도 활용할 수 있다. 또한 1999년 영국을 시작으로 독일, 프랑스, 이태리 시장에 출시한 삼성노트북은 차별화된 기능과 성능을 앞세워 단숨에 유럽시장 점유율 30%를 점유하면서 1위에 오르는 기염을 토하게 된다. 이는 당시 삼성 휴대폰과 TV의 인기에 따른 동반성장 효과도 한몫을 차지했다. 2005년부터는 러시아 등 동유럽시장까지 시장이 확대되면서 수원 공장만으로는 주문을 감당할 수가 없어 중국 소주공장을 세우고 생산해 공급하기에 이른다. 2011년 상반기에는 최고 1,000kg의 압력을 견디는 B2B용 전용 노트 PC시리즈 6을 출시하는데 기업체로부터 대환영을 받는 제품으로 자리잡는다. 또한 세계 최초로 노트북과 태블릿 PC의 장점을 결합시킨 600g 무게에 두께 1cm 미만의 슬레이트PC를 출시하면서 휴대성을 간편하게 하고 키보드나 마우스 대신 터치스크린으로 해 사용자의 편리성을 극대화시켜서 미국시장에서 인기가 커지고 단숨에 시장 1위에도 오른다.

LG전자가 세계 최초로 가벼운 노트북 그램을 출시하자 삼성도 이에 맞서는 제품인 가벼운 노트북 갤럭시북도 출시하면서 시장 고수에 나선다. 또한 휴대하기 쉬운 태블릿 PC도 출시하면서 전 세계적으로 브랜드 이름을 알리게 된다. 한번 1위를 하면 절대로 1위 시장을 빼앗기지 않는 것이 삼성전자 제품의 전통이어서 지금의 글로벌 초일류 최첨단 기업인 삼성전자로 자리잡는 동기가 된 것으로 보인다.

닌텐도를 이긴
겜보이

SAMSUNG SAGA

갤러그라는 게임을 기억하는가. 기계에 500원 동전을 넣고 스틱으로 총을 쏘아 올려서 위에 있는 조형물을 맞추면 점수가 표시되고 일정 점수가 넘으면 무제한으로 게임을 즐기던 길거리 게임이었다. 90년대 초반, 가정용 게임기 공급으로 강남아파트에 사는 초등생, 중고생들은 개인용 게임기를 가지게 되면서 학업에 대한 스트레스를 극복해 갔었다.

언제부터 형성된 게임시장인지는 정확하게 기억하기 어렵지만, 과거 일본 출장을 자주 다닌 세대의 부모들이 일본 동경 아키하바라 시장에서 주로 인기가 높은 닌텐도의 패미컴 게임기를 사다 주면 집안의 자녀들이 서로 먼저 하겠다고 쟁탈전을 치르기도 했다. 1990년대 초, 초등학생들 사이에 게임기는 구매 1순위인 선망의 대상으로 특히 8비트 게임기에서 16비트 게임기로 넘어가던 시절이었기에 이런 게임기를 보유한 학생은 친구들 사이에서 인기 짱이던 시절이었고, 게임기 보유 친구 집에 가서 하루 종일 게임만 하다 오는 자녀들을 보고, 다소 비싼 가격에 판매했지만 부모들은 자녀의 등살에 무조건적으로 구매해 주던 시절이었다.

가정용 게임기는 90년대 시절 게임기 시장의 80%를 차지한 닌텐도의 패미컴이 원조로서 8비트 타입으로 1983년도에 출시되었고 게임 소프트웨어가 게임기에 내장돼 있던 1세대 단순 게임기와 달리 카세트라 불리던 게임소프트웨어가 담긴 롬카트리지를 바꿔 끼우기만 하면 수많은 게임을 즐길 수 있던 것이 특징이었다. 패미컴을 전 세계 게임시장에서 이름을 날리게 만든 게임이 바로 '슈퍼마리오 브라더스'이다. 이 게임은 현재도 업그레이드용 플레이어가 있을 만큼 전 세계적으로 대히트를 기록했다. 그만큼 게임 자체가 아기자기하면서 고객들의 흥미를 이끌어낸 게임소프트웨어였다.

1989년 일본 닌텐도는 휴대용 게임기를 최초로 판매한다. 그런 와중에 현대전자(현 SK하이닉스)가 제일 먼저 콘솔게임기 가정용 세계 1위 회사인 일본 닌텐도와 한국 내 판매대리점 계약을 체결하고 현대전자를 통해 게임기 및 롬팩(게임용 소프트웨어가 들어있는 카세트 형태의 제품)을 국내시장에 '현대게임보이'라는 브랜드로 1991년 8월에 출시했다. 또한 현대전자와 공동으로 신제품이나 소프트웨어 개발 및 한국 내 직접 생산을 추진한다. 이 게임기는 1987년 포켓몬스터 레드그린 소프트웨어의 기록적인 흥행과 더불어 2003년 3월 23일 컬러판 단종과 함께 누적 판매대수 1억 869만 대를 기록한다. 뒤이어 대우전자도 일본 NEC와 기술제휴로 재믹스 브랜드 게임기를 판매한다. 이때 '타도 닌텐도'를 부르짖으며 탄생한 게 SEGA의 16비트 게임기인 메가드라이브 제품이다. 이 제품은 일본보다 북미시장에서 가장 판매가 많이 된 최상의 인기 제품으로 자리 잡는다.

그럼 삼성전자가 본격적으로 가정용 콘솔게임 시장에 진출하게 된 배경을 상세하게 설명한다.

당시 상품기획을 담당하던 부장은 긴급하게 시장보고서를 사업부장 전무에게 올리면서 삼성도 더 늦기 전에 게임시장에 진입해야 한다고 설명하고 일본통인 담당부장은 일본에 있는 SEGA와 기술제휴계약을 정식으로 체결하겠으니 일본 출장을 보내달라고 건의했다. 사업부장은 즉시 출장 결재를 하면서 어떻게든 일본 SEGA를 잘 설득하여 LG전자가 채가기 전에 삼성이 선수를 치라고 지시한다. 다음날 일본으로 날아간 담당부장은 SEGA의 총괄전무인 다가하시 전무를 찾아간다. 그 당시

SEGA는 일본 동경시 시나가와구 외곽에 빛바랜 옅은 노랑색으로 칠한 작은 10층 건물을 본사로 사용했다. 마치 대학교 기숙사처럼 보였고 옥상 꼭대기에 파란색 대문자로 새겨 놓은 SEGA라는 이름이 그나마 유일한 특징이었다. 건물 안의 분위기도 칙칙한 조명, 빽빽한 업무 공간, 창문 하나 없는 딥딥한 회의실이었지만 직원들이 업무를 하는 태도는 전체적으로 볼 때 진지하고 진취적이면서 평생직장이라는 일본 특유의 색채를 가진 검소하고 보수적인 분위기의 회사라고 담당 부장은 회고했다.

SEGA 본사 회의실에서 "한국 내에서 경쟁사인 닌텐도를 6개월 이내에 1위에서 2위로 밀어낼 기업은 유통망을 가진 삼성전자뿐"이라고 유창한 일본어와 때때로 영어를 섞어 가면서 거듭 설명을 하면서 SEGA 임원진을 대상으로 설득에 설득을 거듭했다. 일본 내에서 파친코 사업으로 돈을 벌어들인 SEGA는 보수적인 기업으로 쉽게 문을 열어주지 않는 대표적인 기업으로서 SEGA 상표 그대로 수입해서 한국에 판매할 것을 주장했지만 끈질기게 물고 늘어진 삼성 담당 부장에게 승낙했다.

우선 1차 5만 대는 시장 진입이 급하므로 SEGA에서 금형에 보이는 SEGA 로고를 지우고 삼성 로고를 부착해서 공급받는 데 성공했다. 1차분 5만 대는 삼성유통망을 통해 1개월도 안 돼서 판매 완료가 되었다. 재고가 떨어지기 전 담당 부장은 SEGA로 출장을 가고 케이스 금형 도면을 받아들고 와서 케이스부터 삼성

금형으로 만든 삼성 16비트 겜보이를 출시했다. 이 제품도 1개월 내로 매진을 기록하면서 3차분부터는 SEGA의 회로도면을 받아 정식으로 삼성공장에서 제조하여 판매했다.

　이때부터 삼성전자와 현대전자 사이에 본격적인 시장점유율 전쟁을 하면서 신문이나 TV에 대대적인 광고를 했다. 담당 부장의 아이디어는 삼성유통대리점 판매에만 의존하면 브랜드에서 앞서가는 닌텐도사의 현대게임보이를 이길 수 없다고 판단하고, 삼성 직원 가족들에게 대대적인 캠페인을 했다. 조건은 6개월 무이자로 급여공제를 하는 조건으로 각 그룹사 출근 공장이나 본사 입구에서 판촉 관련 자료를 돌렸다. 불과 1주일 사이에 극단적으로 보면 한 명의 사원이 10대까지 사서 친인척들에게 선물로 주면서, 수십만 대 주문을 받게 되고 삼성전자 겜보이는 국내 시장 1위로 올라서며 일본 SEGA와 한 약속을 지키게 된다.

4차 생산분부터는 일본어 버전을 한국어로 바꾼 소프트웨어 팩을 출시했고 삼성전자가 단독으로 개발한 소프트웨어 팩인 알라딘과 버처파이터, 버처캅, 팬저드래곤, 나이츠팩을 출시하면서 게임기 시장 1위로 독주한다. 삼성은 이에 만족하지 않고 60만 군인들을 대상으로 비슷한 조건을 내세우고 군인공제회를 통한 판매를 하자 오더가 넘쳐나서 겜보이 생산공장은 24시간 가동을 하는 상황도 발생한다. 또한 삼성전자는 알라딘 브랜드 외에 삼성새턴 브랜드를 판매하면서 시장점유율을 더욱더 확고하게 다져 나간다.

그러자 현대전자가 법적으로 시비를 걸어오는 상황이 발생한다. 내용은 다름 아닌 삼성 겜보이 브랜드 자체 사용을 중지해 달라는 것이었다. 왜냐하면 가정용 게임기 원조인 일본 닌텐도의 상표인 게임보이와 발음이 유사해서 자사 브랜드 판매에 손실을 주고 있다는 것이었다. 하지만 현대전자의 법적소송은 1심에서 법원이 삼성전자의 손을 들어 주면서 현대전자는 망신을 당하는 상황까지 연출되었다.

이후 워크맨과 캠코더, TV시장에서 성공한 일본 소니가 자사 직원인 구다라켄이 개발한 획기적인 제품인 CD 타입의 플레이스테이션 게임기를 시장에 출시하면서, 3D게임의 시작과 DVD라는 기존의 팩(카트리지) 개념에서 벗어나 독보적인 영상을 제공하면서 듀얼패드(무선)와 스탠드(슬림)형, 디스크 공간확장 및 온라인 등 다양한 버전들을 출시하게 된다. 이에 따라 게임기 시장에서는 일대 혁신이 발생하면서 게임시장을 두고 물고 물리는 시장 상황이 발생하게 된다.

사실 게임기는 본체를 팔아서 버는 수입보다는 소프트웨어 팩을 많이 판매해야 고수익이 발생하는 제품으로서 게임기 소프트웨어 팩 1개를 개발하는 자금이 엄청나게 소요된다. 소프트웨어 팩 1개 개발하려면 1차적으로 작가가 총체적인 시나리오 작문을 만들고, 화가가 3D 차원의 동영상 하나하나 그려가면서 게임 연출을 하고, 사운드 음향, 소리는 음악 작곡가가 연출하고, 영화로 치면 총감독의 상세 체크가 끝나야 하나의 작품이 완성되어서 초기 비용은 크지만 게임기 소프트웨어가 일정 수준 이상으로 판매가 되면 그야말로 대박을 터트리는 구조이다.

향후 삼성전자는 게임기 소프트웨어인 알라딘을 PC시장에 출시하면서 알라딘의 판매는 급속적으로 상승한다. 게임기 시장은 향후 64비트 타입까지 출시되면서 판매를 하고 있으며, 국내시장은 삼성전자 새턴과 현대전자 닌텐도 64 제품을 끝으로 유통판매를 중지시키게 된다. 왜냐하면 PC시장이 활성화되어 유저들이 게임을 다운로드받아 가정에서 고성능 PC로 충분하게 게임이 가능하게 되었고 전국 곳곳에 PC방이 활성화되면서 고객들은 게임기와 소프트웨어 팩을 구매하는 비용 대신에 1시간에 천 원이라는 저렴한 비용으로 다양한 게임을 즐기는 시대로 변화했기 때문이다.

게임시장을 더 이상 활성회시키기에는 역부족인 상황이 되면서 게임기 시장은 틈새시장으로 변경되었다. 하지만 '대한민국 게임백서'에 의하면 2019년 기준 국내 게임 시장규모는 15조 172억 원으로 전년 대비 5.1% 상승한 것으로 나온다. 전반적으로 보면 모바일 게임과 온라인 PC게임이 큰 비중을 차지하고 있지만 콘솔 게임도 최근 5년간 40%를 상회하는 큰 폭의 시장성장이 된 것으로 나오며 특히 2017년 12월에 일본 닌텐도 스위치의 신제품 발매로 촉발한 상승세가 콘솔게임 시장에 긍정적인 영향을 미쳐서 아직 시장이 존재하는 것만은 틀림없는 사업이다.

CAHPTER 07

최첨단 HDD
공장을 건설하라

기억장치인 HDD(Hard Disc Driver)는 컴퓨터의 정보와 문서, 자료 등을 저장하고 읽을 수 있는 보조기억장치로, 우리가 흔히 사용 중인 PC에서 글이나 데이터를 저장했다가 필요 시 찾아 쓰는 데 중요한 역할을 한다.

최초의 하드디스크는 1956년에 미국 IBM에서 근무하던 레이존슨 박사가 IBM-305 RAMAC(Ramdom Access Method of Accounting and Control)이라는 컴퓨터를 개발할 때, 메인프레임과 미니컴퓨터에 탑재시키기 위해 출시되었고, 1,200RPM(Revolution Per Minute)인 자성 물질로 코팅된 지름 24인치의 플래터 50장을 회

전시키면서 고속으로 데이터를 읽거나 쓸 수 있고, 약 4.8MB의 데이터를 저장할 수 있는 용량을 가진 하드디스크가 시발점이 되었고, 당시 가격이 1대당 USD 50,000였다. 1980년대 초반까지 하드디스크(HDD)는 PC에 있어 특별한 기능을 하는 고가의 주변기기에 불과한 장치였으나 1980년대 후반에 들어오면서 하드디스크는 각 가정이나 회사에 보급된 PC에 있어 필수적인 기능이 되어, 저가의 PC에도 탑재되면서 폭발적으로 시장규모가 커진 장치이다. HDD 크기도 8인치로 개발되었으나 5.25인치, 3.25인치, 2.5인치, 1.8인치로 점차 작게 개발되고 생산되어 판매에 이른다. 중요부품은 스핀들모터, 헤드, 플래터, 액추에이터암, 전원컨넥터, 데이터컨넥터와 케이스로 구성된다.

2000년 초반 이후 디지털 가전제품의 수요가 증가함에 따라 디지털화된 영상과 음성을 저장하기 위한 용도인 HDD Recoder (PVR : Personal Video Recoder) 수요가 대폭 늘어나서 TV드라마를 HDD로 예약 녹화하여 언제든지 볼 수 있게 되었고, 2000년대 중반부터는 자동차 네비게이션 기기에 하드디스크를 탑재하여 하드디스크드라이브에 영화, 음악 등을 저장해서 자동차에서 영화, 음악을 즐길 수가 있게 되었다. 휴대용 음악플레이어 기기에 하드디스크를 탑재하여 수천 곡을 간편하게 들을 수가 있게 되었고, 캠코더 기기에 기존의 8mm 테이프나 DV 등을 대체하는 HDD 내장용 캠코더가 출시되어 기존의 방식보다 편리하고 저장 성능이 탁월하며 PC에 동영상 자료의 보관 및 편집이 가능해지고, 오락기기인 플레이스테이션3나 엑스박스와 같은 가정용 오락기기로까지 확대된다. 그밖에 외장용 하드디스크로 여러 분야에 손쉽게 응용된 기기가 출시된다.

그 이후 하드디스크를 USB(Universal Serial Bus)나 IEEE (Institute of Electrial and Electronics Engineers) 1394를 이용해 외부 기억장치처럼 이용할 수 있는 외장 하드디스크(외장 하드) 장치 출시로 더욱 발전해 간다. 또한 특정 컴퓨터에 종속되지 않고 독립적으로 네트워크상에서 공유 가능한 NAS(National Academy of Sciences)라는 제품까지 출시되었다. 시장규모가 큰 개인용 컴퓨터의 하드디스크는 1980년에 미국의 시게이트(Seagate)가 개발한 5.25인치 하드디스크 드라이브 'ST-506'이 최초이다. 이후 1988년에 코너페리퍼럴(coner peripheral)이 현재 사용하고 있는 3.5인치 콤팩트와 동일한 CP3022를 개발 출시한다. 1982년 IBM PC XT에 10메가 하드디스크 ST-412가 채택되고, 1990년 대 AT 컴퓨터에 하드디스크가 기본으로 장착되면서 HDD시장은 눈부시게 발전한다. 다시 말해 HDD는 저장용량, 버퍼용량을 키우고 있으며, 자기기록 밀도를 개선하기 위한 기술을 개발했고, 2013년 10월에 시게이트는 HAMR(heat assisted magnetis recording, 열 보조 자기기록) 방식의 차별화된 기술의 하드디스크를 출시한다.

1990년대 초 HDD를 개발 생산하는 회사는 미국의 시게이트, 웨스턴 디지털, 맥스터가 세계 3대 제조판매사이고 일본의 경우 도시바, OKI전기, 히타치, 후지쯔 정도가 개발 생산 중이었고, 한국에서는 삼성전자가 수원 공장에서 규모는 작지만 주로 삼성 퍼스널 컴퓨터 장착용 HDD를 개발 생산 판매해 일부 경쟁사인 삼보컴퓨터와 해외 PC 제조사에 소량으로 수출하면서 명맥만 유지하고 있었다.

1990년대 초반 미국 맥스터가 지속적인 적자를 견디지 못하고 세계시장에 매물로 나오게 된다. 맥스터를 인수하면 당장에 세계 1위나 2위 회사로 도약할 수 있는 좋은 기회가 만들어진 것이다. 삼성전자도 협상팀을 꾸리고 미국 맥스타로 출장을 가서 맥스터 매각 실무진과 밀고 당기며 진지한 협상을 수차례 거듭했다. 맥스터가 내놓은 협상안은 우선 맥스터 임직원 100% 고용보장, 부채는 매입 회사가 안고 가는 조건에서 출발한다. 하지만 가장 중요한 조건은 맥스터가 내건 매각금액이었다. 매각금액은 처음 3억 5천만 불부터 시작되었고, 수차례 진지한 협상으로 최종적으로 맥스터가 제시한 금액은 1억 달러를 조금 상회하는 금액 정도였다고 알려졌다. 더 이상 네고가 불가능해지자 협상팀은 최종적으로 삼성전자 최고 책임자에게 보고했으나, 당시 삼성 최고 책임자는 1억 불 이상이면 눈에 칼이 들어와도 매입을 할 수가 없다고 지시했다.

삼성전자 친환경 하드디스크드라이브 에코그린(EcoGreenTM) F3 시리즈

　미국의 맥스터로 날아간 협상팀은 다시 한번 협상테이블에서 삼성전자 안을 설명했으나, 맥스터가 거부하면서 협상은 최종적으로 깨어지고 없던 일이 되어 수면 아래로 가라앉았다. 그런데 어느 날 갑자기 "현대전자, 미국 맥스터 인수로 단숨에 세계 2위 회사로 부상하다"라는 경제계 기사가 실린다. 기사가 나가고 며칠 지나지 않아 이건희 회장은 협상팀 전원과 삼성 최고 책임자를 즉시 회장실로 호출했다. 자리에서 이건희 회장은 "당신이 오너 회장인가? 왜 나한테 보고도 안 하고 마음대로 처리했는가? 나한테 보고했으면 최종안에 대한 결정을 했을 것이다. 더구나 삼성전자에 깜도 안 되는 현대전자에 미국 맥스터 하드디스크 사업권을 단돈 얼마 안 되는 금액 차이로 사업권을 빼앗긴 것에 대해 어떤 책임을 질 수 있는가?"라고 다그쳤다.

　당시 최고 책임자는 고개를 제대로 들지도 못하고 "죄송합니다. 제가 책임지겠습니다"라고 읍소했으나 이건희 회장은 "당장에 빠른 시일 내에 세계 최첨단의 HDD 공장을 세우고 수단을 가리지 말고 HDD 관련 전 세계 최우수 개발 생산 인력을 스카우트하라"고 지시했다.

이에 수원 공장에서 형식적으로 HDD를 제조했던 삼성전자는 본격적으로 경북 구미시에 첨단 HDD 공장을 건설하고 신제품도 개발하면서 HDD 개발, 생산, 영업을 시작했다. 1996년에 가동된 구미 공장은 월 30만 대 정도 HDD를 생산했고, 1999년 월 100만 대를 돌파했다. 기술력을 집합한 삼성은 2004년 2.5인치 HDD를 생산했고, 2005년 월 300만 대를 넘어서게 되고, 2006년 1.8인치도 생산하고 2009년도에는 외장용 HDD도 출시했다. 그래 봐야 미국 시게이트, 웨스턴디지털, 맥스터사를 HDD 시장에서 위협하는 정도의 회사로 삼성전자는 성장하지만 시장점유율은 최대 12% 정도에 그쳤다.

아이러니하게도 삼성전자는 HDD 사업을 지속하지 못하고, 2011년 미국 시게이트로 13억 7,500만 달러에 매각된다. 매각 대금의 50%는 시게이트 주식 9.6%를 인수하면서 단숨에 시게이트의 2대 주주가 되지만 실질적인 최대주주로서 의사결정권을 행사하게 된다. 그리고 시게이트는 삼성전자 HDD를 매입함으로써, 미국 웨스턴디지털사의 시장점유율을 1위에서 2위로 내렸으며, 장기적으로 삼성은 시게이트의 기업전략과 기술개발에 참여할 수 있는 기회가 주어졌다.

하지만 시게이트로 넘기는 조건을 1년만 늦추었다면 삼성전자는 좀 더 좋은 조건으로 협상하고 HDD 사업을 매각했을 것으로 필자는 판단한다. 공교롭게도 HDD 공장과 부품사가 몰려 있는 태국에 2011년 대대적인 홍수가 나서, HDD 전 세계 생산 수량의 25% 이상을 차지하던 태국 공장서 1억 2천만 대가량의 생산 차질이 발생했고 이에 따라서 HDD 가격이 40% 이상까지 상승했기 때문이다. 어쨌든 삼성전자는 삼성경영 방식을 도입시킨 시게이트 경영에 최대주주로 참여함으로써 시게이트 주식 가치 상승에 크게 공헌을 한 것으로 위안을 삼아야 한다고 본다.

SAMSUNG SAGA

PART 5

뉴 삼성으로의
도약

그가 하는 것을 보고, 그가 어떤 이유로 그렇게 행동하는가를 관찰하고,
그가 편하게 여기는 것을 면밀하게 살펴보라. 사람이 어떻게 자신을 숨기겠는가?

– 논어 '위정편'

SAMSUNG SAGA

CAHPTER 01

이재용의
뉴 삼성 전략

SAMSUNG SAGA

삼성그룹은 초기 30여 년간 주로 국민들이 입고 먹는 의식주 관련 제품을 개발, 생산, 판매하다가 국민소득과 수출이 조금씩 늘어가는 1969년부터 전자사업을 시작하면서 본격적인 성장을 했다. 필자가 초중고교 재학 시에는 지금처럼 아파트가 거의 없었고 당시 집안 형편은 집에 TV, 세탁기, 냉장고가 있는지 없는지로 가늠하곤 했다. 따라서 TV가 있는 친구네 집에 모여 레슬링, 권투경기를 보는 게 유일한 문화생활이었다.

삼성은 가전제품을 생산 판매하면서 본격적인 브랜드를 알렸고, 이건희 회장 시절 반도체 올인 투자가 대박이 나면서 오늘의 세계 최첨단 1위 전자회사인 삼성전자로 크게 성장했다. 1993년 이건희 회장이 신경영 선언(마누라 자식 빼고 다 바꿔어야 삼성은 살아남는다)을 하면서 본격적인 삼성의 변화와 신속 성장이 시작되었다고 본다. 그리고 이건희 회장 사후 이재용 부회장은 부친 이건희 회장의 업적을 뛰어넘는 경영실적을 올려야 삼성의 성장이 지속될 것이라 판단하고 뉴 삼성 경영에 박차를 가하고 있다.

현재 이재용 부회장의 종교는 원불교로 알려졌으나 원래 삼성은 동양사상의 일종인 『논어』에 대한 해박한 지식을 바탕으로 가정을 이루었으며 이는 이병철 회장 자서전에 '나라는 인간을 형성하는 데 가장 큰 영향을 미친 것이 『논어』이며, 나의 생각이나 일반 생활이 논어의 세계에서 벗어나지 못한다고 해도 만족한다'고 적혀있다. 이건희 회장은 "선친회장에게 어떤 경영 수업을 받고 자랐냐"는 질의를 받으면 항상 "『논어』를 상세하게 보고 음미한 것"이라고 말했다. 선친은 정치경제학과 경영학을 전공하고 이후 철학이나 인문학적 견해를 통달해 이를 경영철학에 반영했으나, 이재용 부회장은 서울대에서 동양사학을 전공하며 인문학을 기초로 두고, 일본과 미국에서 경영학을 공부했다. 이로 말미암아 동양적 사고의 이재용식 『논어』 경영전략은 부친과 전혀 다른 스타일을 담은 '삼성의 철학'을 표방하게 되었고, 현시점의 '뉴 삼성' 경영을 보여주는 계기가 된 것이 아닌가 필자는 판단한다.

좀 더 살펴보면 공자는 『논어』 '위정편'에서 "그가 (지금) 하는 것을 보고, 그가 어떤 이유로 그렇게 행동하는가를 관찰하고, 그가 편하게 여기는 것을 면밀하게 살펴보라. 사람이 어떻게 (자신을) 숨기겠는가?"라고 말한다. 현재 이재용 부회장의 경영 관련 전략을 상세히 보면 '이재용 시대'를 직간접적으로 들여다볼 수 있다. 따라서 삼성전자의 미래 명암은 부친 별세 후 1년이 지난 지금 '삼성 3세'인 이재용 부회장의 역할에 달려 있으며, 미래 먹거리사업의 선택과 집중을 어떻게 잘 시행하느냐가 관건이라 볼 수 있다.

삼성이 2011년 설립한 삼성바이오로직스는 품질, 스피드, 가격경쟁력을 바탕으로 단숨에 바이오의약품 위탁생산 분야 글로벌 1위 기업으로 짧은 기간 내에 일취월장했다. 2013년 상업생산을 한 1기부터 2015년 11월 착공한 18만 리터 규모의 3기 공장이 2018년 완공되면서 총 36만 리터 생산능력을 보유하게 되었고, 현재 건설 중인 4공장을 완공하면 삼성보다 40년 이상 역사가 긴 해외 글로벌 경쟁사 등을 밀어내고 '글로벌 CDMO(항체 바이오 의약품 위탁생산과 위탁개발) 1위' 기업으로 올라서게 된다. 현재 바이오의약품 외에도 백신, 세포유전자 치료제 등 차세대 치료제 분야로 사업 영역을 늘리고 있다. 최근 코로나 시대를 맞이하면서 삼성바이오로직스는 지난 5월 미국 모더나의 메신저리보핵산(mRNA) 방식의 코로나19 백신을 인천 송도 공장에서 생산하여 납품키로 한다는 위탁생산 계약 소식을 전해 대한민국 국민들이 백신 부족으로 주사를 못 맞는 최악의 상황을 극복하는 계기가 되었고, 2021년 10월 28일 드디어 국내용 243만 5천 회분을 공급하고 4분기부터 접종을 한다.

이런 상황을 살펴보면 "역시 삼성이 하면 다르다"는 이미지가 국민들 가슴 깊이 스며든 계기가 된 것 같다. 삼성에서 백년대계를 바라보며 선투자하는 경영전략의 묘미를 느끼게 한다. 삼성전자의 통신 분야의 성공은 앞서 언급한 스마트폰 성공신화는 미래를 내다본 과감한 선투자의 결과물로 이어졌듯이, 삼성은 현재 상용화된 5G(5세대) 이동통신 기술에 만족하지 않고 2019년 연구조직인 삼성리서치 산하에 차세대통신연구센터를 설립해 6세대 선행기술연구를 시작한다. 2019년 7월에는 6G 기술을 경쟁사들보다 빠르게 개발해 기술선점하겠다는 의지로 『6G 백서』도 출간한다. 『6G 백서』를 발간한 것은 중국 화웨이, 핀란드 노키아, 스웨덴 에릭슨 등 전 세계 주요 경쟁 통신사를 통틀어도 삼성전자가 세계 최초이다. 삼성은 글로벌 기업들과도 적극적인 협업을 하고 있으며, 2019년 11월 미국통신산업협회(ATIS) 주도로 결성된 '넥스트G 얼라이언스'에 합류했다. 지난 11월 17일에 이재용 부회장은 세계 1위 통신사업자인 버라이즌 본사를 직접 방문하고 한스 베스트베리 최고경영자를 만나 차기 통신 6세대 이동통신사업 협력방안을 협의하는 등 강력한 사업 의지를 강화해 나가고 있다.

삼성전자의 이런 연구는 성과로 이어져서 6G 테라헤르츠(THz) 대역 15m 거리에서 6.2 Gbps(초당 기가비트)로 데이터를 전송하는 데 성공한다. 테라헤르츠 대역은 100GHz-10THz 사이의 주파수 대역을 의미하며, 일반적으로 주파수 대역이 올라갈수록 넓은 통신 대역폭을 사용할 수 있어 6G에서 요구하는 초고속 통신에 적합한 기술로 통신시스템 내에 다수의 안테나를 집적시키고, 전파를 특정 방향으로 송수신하는 고도의 빔 형성기술을 해결한 최첨단 통신기술을 삼성전자가 최초로 개발한 성과라고 본다. 6G(세대)를 좀 더 상세하게 기술하면 크게 5개의 핵심 서비스 영역으로 구분할 수 있다.

첫째, 초성능, 초대역(완전자율 자동차, 초현실 가상서비스 등)

둘째, 초공간(항공기 내 고속인터넷, 플라잉카, 드론 등)

셋째, 초정밀(지구 반대편 실시간 원격의료진료, 원격근로 제공)

넷째, 초지능(사업자 개입 없는 자동 연결 서비스 등)

다섯째, 초신뢰(사이버 위협 없는 안전한 복융합 서비스 제공 등)

6G의 상용화까지는 좀 더 시간이 필요할 것으로 판단되나, 미래 통신기술에 대한 선점과 특허등록으로 삼성은 미래 먹거리사업에 선대치를 잘하고 있다고 본다. 이재용 부회장의 가장 큰 고

민거리는 바로 시스템 반도체(파운드리 : 반도체 위탁생산)사업 분야에 대한 과감한 투자일 것으로 판단된다. 삼성은 잘 알려진 대로 1983년도에 본격적인 메모리 반도체사업에 투자하여 10년 만에 일본의 거대 반도체 회사인 도시바, 히타치 등을 따돌리고 1위로 올라섰다. 하지만 비메모리 분야인 시스템 반도체는 대만의 TSMC사가 세계 1위를 굳건하게 유지 중이다. 참고로 2021년 3분기 매출액 기준으로 보면 반도체 시장점유율은 삼성전자가 16%, 컴퓨터 핵심 CPU chip 제조사인 인텔이 13%, SK하이닉스가 7%, 미국 마이크론이 6%, 스마트폰칩 제조사인 퀄컴이 5%, 엔비디오 5%, 브로드컴 4%로 나온다. 그러나 반도체 파운드리 시장점유율로 비교하면 1987년에 창업하여 오랜 기간 파운드리만 생산한 대만 TSMC가 독보적인 56%, 삼성전자는 16.4%, 미국 UMC 8%, 미국 GF 7%, 중국 SMIC 5%로 나온다.

이 데이터가 보여주듯 삼성전자는 대만 TSMC사와 비교하면 절대적인 약자 회사로 분류된다. 참고로 파운드리 시장 회사는 반도체 설계사인 인텔, 퀄컴사 등이 외주를 주면 이 오더를 받아서 하청 생산을 하여 원청회사로 공급하는 회사로 생산기술력을 근간하여 대규모 첨단 생산설비를 가동하고 시스템 반도체를 생산하여 납품하는 회사를 말한다. 삼성전자는 이 약점을 빠른 시일 내로 극복코자 2030년 시스템 반도체 시장 1위 달성을 위해 '시스템 반도체 2030'을 선언하고 대규모 투자(171조)를 하게 된다. 평택의 생산라인 확대는 물론이고, 중국 시안공장 시설 확대, 미국 지역에 대규모로 신설공장 건설에 나서게 된다. 이는 2004년 뒤늦게 파운드리 사업을 시작한 삼성전자가 현재 2위인 파운드리 회사로 만족하지 않고, 넘사벽으로 보이는 대만 TSMC를 이기고 2030년 내에 세계 1위 파운드리 제조사로 변신하겠다는 야심 찬 계획 중의 하나라 본다.

특히 삼성은 공급이 수요(특히 자동차 분야 반도체칩)를 따라가지 못하는 현재 상황에 발맞춰 생산량을 공격적으로 늘려서 매출 극대화를 도모 중이므로, 2021년 기준 삼성전자 파운드리 사업부 성장률은 30%대 규모로 예상되어서 대만 TSMC 성장률 24%를 빠르게 추월 중이다. 따라서 2022년 하반기 세계 최대 규모의 반도체 공장인 평택 P3라인은 공장 길이가 700m, 클린룸의 규모는 축구장 면적의 25개 크기로 전체 투자비만 50조 원이 넘을 것으로 본다. 현재 삼성전자는 미국 내 신규 파운드리 생산라인으로 텍사스주 테일러시를 확정하고 170억 달러(약 20조 원)에 달하는 투자를 결정한다. 최첨단의 신규 제조라인은 5세대 (5G) 이동통신, 고성능 컴퓨터칩(HPC), 인공지능(AI) 등 첨단 시스템 반도체를 생산할 계획으로 2022년 상반기에 착공하여 2024년 하반기 생산 목표로 진행 중이다.

이런 삼성의 투자에 대만 TSMC 역시 삼성전자 못지않게 공격적인 투자로 향후 3년간 1,000억 달러(113조 원)의 투자계획을 세우고 1차로 미국 애리조나 파운드리 공장에 120억 달러(13조 4,000억 원)를 투자하여 착공에 들어간다. 이런 조치는 파운드리 투자 전쟁의 본격화를 알리는 신호이며, 막대한 자금을 감당할 수 있는 삼성전자와 TSMC 간의 경쟁으로 볼 수 있다. 현재 20나노미터(nm) 이하 선단공장을 운영하는 회사는 삼성과 대만 TSMC사가 유일하다. 파운드리 시장경쟁은 나노공정을 선점하는 게 주요한 목표로, 삼성은 지난 2021년 10월 개최한 '삼성 파운드리 포럼 2021' 행사에서 2022년 상반기 중 GAA기술을 적용할 3나노 1세대, 2023년 3나노 2세대 양산을 시작한다는 야심 찬 계획을 발표했다.

7나노와 5나노 양산에서 번번이 대만 TSMC에 밀려난 삼성전자가 마침내 3나노 공정에서 세계 최초 회사로 등록할 것이며, 2025년에는 GAA(Gate-All-Around)기술인 MBCFET(Multi Bridge Channel Field-Effect-Transistor) 구조를 적용한 3나노 공장 가동은 FinFET(인텔, 삼성전자, TSMC 등이 도입 중인 3차원(3D)) 입체구조의 칩설계 및 공정기술) 기반 5나노 공정대비 성능을 30% 향상시키고, 전력소모가 50%와 면적은 35% 감소할 것으로 예상되는 최첨단 기술공정이다. 이는 결국 삼성전자의 GAA 기반 기술이 대만 TSMC사와 기술격차를 한순간에 따라잡는 승부수가 될 것이 틀림없다.

삼성전자 이재용 부회장의 과감한 투자는 결국 영업확대로 이어져 신규 발주 오더를 대규모로 수주할 수 있게 되어서 미국 구글, 퀄컴, IBM, IMD 등 글로벌 빅테크 기업을 고객사로 등록했고, 최근 글로벌 시스템 반도체 회사인 STMicroElectronic 물량도 확보하게 되어서 2030년보다 빠르게 대만 TSMC을 이기고 세계 1위 파운드리 제조회사로 삼성전자(매출 2022년 기준 300조 돌파, 2023년 326조 9,300억 원 예상)가 성장하여 부친인 이건희 회장 재직 시 달성한 삼성전자 경영실적 성장율을 뛰어넘을 것을 필자는 고대해 본다.

연공서열 없애고
능력만 본다

SAMSUNG SAGA

이건희 회장 별세 후 이재용 부회장은 경영에 대한 철저한 분석으로 고삐를 더욱더 졸라매고 경영 혁신을 시도했다. 1차로 삼성전자는 AI 분야 최고 석학인 승현준(세바스찬 승) 미국 프린스턴 대학교 교수를 스카우트하여 삼성전자 통합 연구조직인 삼성리서치 소장(사장급)으로 임명하고 한국을 포함 13개 국가에 위치한 글로벌 15개 연구개발센터와 7개 AI센터의 미래 신기술과 융복합 기술연구를 하게 만든다. 승현준 소장은 학계의 경험과 뛰어난 연구개발 능력, 타 연구소와 활발한 네트워크 구축을 바탕으로 세계적인 선진 연구자들과의 오픈 이노베이션을 강화하고, 우수 인재영입을 통한 미래기술 연구역량을 증진시키는 역할을 충분하게 하실 것으로 본다.

이재용 부회장은 미래 먹거리사업인 바이오사업에 대한 투자 확대를 위해 삼성전자, 삼성바이오로직스, 삼성바이오에피스 등의 최고 경영진들로 구성된 태스크포스팀을 설립하고, 모더나의 최고 경영진들과 긴밀한 관계를 유지하면서 성공적인 백신 생산을 통해 상호 간 신뢰를 쌓고 중장기적인 바이오산업 전반으로 확대하는 방안을 논의하고 의견을 교류하면서 삼성바이오로직스가 모더나의 위탁자&생산자 수준에 그쳤던 양사 관계를 백신 수급과 바이오산업의 미래를 공유하는 사업파트너 관계로 격상시킨다.

지난 2021년 11월 반도체 파운드리사업 투자금액(20조 원) 및 세제 혜택을 가장 많이 주는 생산지(미국 텍사스주 테일러시에 150만 평 부지) 결정 후 미국 유력 기업체인 구글, 마이크로소프트, 버라이즌, 모더나 등 글로벌 비즈니스 파트너들과 협력을 강화하고 귀국한 이재용 부회장은 "해외시장의 냉혹한 현실을 직접 보고 듣고 오니 양어깨에 짊어진 무게가 무겁다"는 심정을 밝히면서 "불가능을 가능으로 만들어 아무도 가보지 않은 미래, 새로운 삼성을 만들어 가자"는 경영 혁신에 박차를 가한다. 그리고 바로 인사제도에 대한 혁신을 발표한다.

삼성은 1957년 국내 최초로 공개채용을 도입했고, 1983년도는 국내 최초로 여성 대졸 공채 도입, 2009년 자율출근제 도입, 2011년 장애인 대상 공채도입, 2016년 직급 단순화, 호칭 통일 제도 개편 도입, 2018년 선택적 근로시간제 도입을 통해 인사제도에 대한 변화를 가져왔다. 과거 삼성 입사 후 사원, 대리, 과장, 차장, 부장의 직급을 거쳐서 임원승진을 해왔으며, 임원 식위도 이사보, 이사, 상무, 전무, 부사장, 사장의 직위가 있었으나 2001년 이사, 이사보를 폐지했고, 2008년 상무보를 폐지하면서 임원 직급도 상무, 전무, 부사장, 사장으로 단순화시킨다. 구태의연한 인사제도에 대한 혁신적인 개선을 위해 이재용 부회장은 임원도 전무제도를 폐지하고 상무, 부사장, 사장으로 단순화해 CL1(커리어 레벨, 고졸), CL2(사원, 대리), CL3(과장, 차장), CL4(부장)의 4단계 승진 연한을 폐지하고 임원 밑으로 단순화시키는 제도로 개편한다.

신 개편안은 1-직급 연한 폐지, 2-상위 10% 외 절대평가, 3-동료 평가제 시범도입, 4-한 부서 5년 근무 시 타부서로 전환하는 FA(프리에이전트)제도 도입 등으로 나누어진다. 이는 젊고 능력 있는 직원이 연공서열에 가로막혀 제대로 대우를 받지 못하는 일이 많다는 약점을 보강한 것으로 나이에 상관없이 능력만 있으면 30대도 임원이 될 수 있다는 제도로 평가할 수 있다. 참고로 과거 삼성전자 임직원 인사고과는 상위 10% EX(Excelent)와 VG(Very Good), GD(Good), NI(Need Improvement), UN(Unsatisfactory)

로 나누어 평가했었다.

삼성전자는 30여 년 전에 이건희 회장 밑으로 가전사업본부, 통신사업본부, 컴퓨터사업본부, 반도체사업본부를 두고 각자 사업부장이 대표이사 사장 역할을 하여 오다가 2000년 이후 반도체, 모바일, 가전 분야로 개편하고 2021년도까지 반도체사업 분야는 김기남 부회장, 가전 분야는 김현석 대표이사 사장, 모바일 분야는 고동진 대표이사 사장으로 구분하여 경영하다가 2021년 말 이재용 부회장은 사업 부문을 크게 2개로 나누는 혁신을 시행한다. 좀 더 젊고 활동적인 인물을 대거 발탁하면서 김기남 부회장을 회장으로 승진시키고 삼성기술원장으로 발령해 미래 신기술 개발과 후진 양성에 전념토록 한다. 뒤이어 삼성전자 메모리사업부 부사장을 지낸 경계현 삼성전기 사장을 임명하고, 소비자가전(CE) 부문 영상디스플레이사업부의 한종회 사장을 부회장으로 승진시켜 가전, 모바일, TV 부문을 통합시킨 세트부문장(DX)으로 임명한다. 이 조치는 이재용 부회장식 개편으로 세대교체를 통해 인사쇄신에 방점을 찍으면서 '뉴 삼성'으로 가자는 강력한 의지 표명으로 보인다. 한종회 부회장은 향후 제품 전반으로 확대하는 맞춤형 경험, 모든 가전 통신기기 간 매끄러운 연결을 위한 협업체계 구축, 더 나은 지구를 위한 환경보호 차원의 상상력 발휘 등 3가지의 키워드를 경영 모토로 내세웠다. 즉 언제 어디서나 크고 작은 화면을 시청할 자유를 주고, 각각의 공간을 아름다운 풍경이나 예술작품으로 만들어 내는 혁신제품을 개발할 것이고, "개인의 취향과 라이프 스타일에 따라 제품을 맞춤형으로 변화시키는 유연, 혁신, 민첩한 새로운 제품도 개발 출시한다"고 선언하고, 2022 미국 CES 전시회에서 기조연설을 통해 지속 가능한 사회를 만들기 위한 미래기술 비전을 제시했다. 소비자들이 어떤 공간에서든 소비자 니즈에 따라 나만의 스크린을 구현할 수 있는 '더 프리스타일' 제품 출시와 탄소 절감용 친환경 소비자 제품 출시로 지구 환경 여건 개선에 도움을 주겠다고 연설하며 관련 혁신 신제품을 출시해 호평을 받는다.

그리고 정현호 사업지원 태스크포스팀 사장을 부회장으로 승진시켜 2017년 해체된 미래전략실에 버금가는 컨트롤 타워의 필요성에 따라서 이재용 부회장을 보좌해 새로운 시대 변화에 부응하는 '뉴 삼성'으로의 도약을 준비하는 삼성전자 기획 전략 및 미래준비 역할을 맡기면서 3년 내로 의미 있는 기업 인수 합병으로 최대의 성과를 내라고 지시한다. 정현호 부회장은 1960년생으로 연세대학교 경영학과 졸업 후 1983년 삼성전자에 입사해 국제금융 분야에서 경력을 쌓은 후 승진코스로 불리는 비서실의 재무팀, 인사지원팀장을 거쳐 삼성전자 국제회계그룹장, 국제금융그룹장, 경영지원총괄 IR그룹장 및 경영관리그룹장 출신으로 이재용 부회장과는 1990년대 미국 하버드 대학교 MBA 과정을 함께 공부한 인연이다. 이재용 부회장의 최측

근 핵심참모이며 이핵관(이재용 부회장 핵심 관계자)으로 알려지고 있으며, 故 이건희 회장 시절부터 삼성그룹기획 전략통으로 총수 회장 일가의 절대적인 신뢰를 받는 핵심 경영진이다.

또한 삼성전자는 조직개편을 통해 '고객 경험'을 강조하면서 중요 사업 부문의 명칭에 경험(eXperience)을 의미하는 엑스(X)를 넣는다. 가전과 모바일사업부를 통합한 세트 부문의 명칭을 DX(Device eXperience) 부문으로 변경하고, 무선사업부의 명칭을 MX(Mobile eXperience) 사업부로 변경하고 사업부 내에 GDC(Global Direct to Consumer)센터를 온라인 중심의 온라인 비즈니스 센터로 개편했다. 이런 조치는 26년 만에 부서명 변경으로 이에 따라 DX 부문은 MX와 영상디스플레이(VD) 생활가전, 의료기기, 네트워크 사업부 등으로 분할한다. 이번 조직개편에는 CX-MDE센터도 신설된다. CX(Customer eXperience)는 고객 경험을, MDE(Multi Device eXperience)는 다양한 기기에 인공지능(AI), 사물인터넷(IOT) 등 신기술을 연결해 차별화된 제품을 출시할 것으로 예상한다.

이번 이재용식 '뉴 삼성 인사개혁'은 과거 김영삼 대통령이 강조한 "인사가 만사"라는 말처럼 삼성의 변화에 부응하는 최상의 인재를 발탁하고 경영에 필요한 인재를 적재적소에 배치하는 조치였다고 볼 수 있다.

실용주의를 앞세운
뉴 삼성 경영의 의미

SAMSUNG SAGA

합리적인 의사결정을 중시하고 깊게 생각한 후 결정된 사안에 대해 강력한 투자와 추진력으로 업무를 추진시킨 리더가 이건희 회장이었다면, 이재용 부회장은 실용주의를 앞세워 가장 필요한 부분에 역량을 집중하고 버릴 것은 과감하게 정리하며 '뉴 삼성 경영'의 시대를 열어가고 있다. 이에 따라 삼성은 비주력 회사인 방산업체 삼성탈레스, 삼성종합화학, 삼성테크윈, 삼성토탈 등 방산, 화학 관련 자회사를 2조 원 정도에 한화그룹에 매각하면서 삼성을 주력사업인 전자사업, 보험과 금융사업(삼성생명, 증권 등), 물산(상사리조트, 건설, 패션 등) 사업 분야 및 바이오산업 분야(삼성바이오로직스, 삼성바이오에피스 등)로 나누게 된다.

　이재용 부회장은 삼성의 새 먹거리사업 추진을 위해 대규모 인수합병을 하는데 미국 신생기업 루프페이를 인수해 모바일결제 '삼성페이'를 국내에 출시했으며, 중국 전기차업체 비야디(BYD)에 30억 위안 투자와 디스플레이업체 차이나스타의 지분 등을 매입하고, 요즘 최신 기술로 각광받는 인공지능(AI) 플랫폼 미국 회사인 비브랩스를 인수, 캐나다 디지털 광고 관련 소프트웨어 회사인 에드기어 인수, 영국 인공지능 식품기술 스타트업 푸드언트 인수, 미국 퀀텀닷 기술 소재 회사인 QD비전 인수, 미국 인공지능 검색엔진 스타트업 케이엔진 인수, 미국 5G, LTE망 설계 최적화 전문회사인 텔레월드 솔루션 인수, 미국 클라우드 기업 조이언트 인수, 캐나다 회사인 차세대 문자서비스 기술 RCS 서비스 기업 뉴넷캐나다 인수, 그리스 인공지능 음성인식 스타트업 이노틱스 인수, 럭셔리 가전기업인 데이코(Dacor) 인수로 북미지역 B2B 사업강화 등을 포함하여 사물인터넷과 스마트폰사업에 필수적인 기술 보유 회사와 인수합병으로 신기술 사업 분야를 보강했다.

　2016년 이재용 부회장은 사내에 전장사업팀을 신설해 자동차 전장부품사업을 미래 신규 먹거리사업으로 한다는 의지를 표명했고, 고심 끝에 2016년 커넥티드카 세계 1위 미국 전장 업체인 하만을 80억 달러(9조 4천억 원)에 매입하는 통 큰 용단을 내린다. 하만은 유명한 브랜드인 하만카돈(Harman Kardon), 뱅앤올룹슨(B&O) 등으로 카오디오 및 공연장 앰프, 최신 방송 장비를 개발 판매 중이고 여기에 AKG, JBL, 마크래빈슨 등 쟁쟁한 오디오 브랜드 출시로 무선스피커 시장 수량 기준 35.7%의 시장점유율로 세계 1위를 유지하고 있기도 하다. 좀 더 구체적으로 설명하면 하만은 전 세계 프리미엄 인포테인먼트(Infortainment) 분야 시장점유율 24%로 1위, 텔레매틱스(Telematics) 분야는 시장점유율 10%로 2위를 기록 중인 전장사업 분야의 세계 1위 회사이다. 자동차 산업데이터 분석표에 따르면 2025년 기준으로 전장사업 분야는 시장규모가 1,000억 달러로 예상되는 유망사업이기도 하다.

삼성전자의 뛰어난 전자 기술과 디스플레이 기술, 여기에 카오디오 시스템을 결합해서 미래 자동차인 스마트카 안에 투입되는 전기전자 분야를 장악한다는 판단으로 인수가 진행되었다. 특히 삼성전자의 주력사업인 스마트폰 기기 내에 인수기업 기술을 응용한 IP68 수준의 방수 방진 스피커를 탑재시켰고, AKG의 튜닝 기술 인용으로 스마트폰 사운드의 품질이 애플 등 경쟁사보다 탁월하다. 또한 최근 삼성전자가 출시한 무선이어폰 '갤럭시버즈'에도 하만의 프리미엄 오디오 브랜드 AKG의 음향 기술을 인용해 마치 공연장에 와서 음악을 감상하는 수준의 생생하고 풍성한 사운드를 제공 중이다. 따라서 방수 성능과 연속

재생시간, 휴대폰 연결기술을 개선한 제품 출시로 소비자들의 호응도가 경쟁사보다 파격적으로 높다고 본다. 이런 기술은 프리미엄 냉장고 제품에도 적용되어 홈엔터테인먼트를 제공한다. 즉 고급 패밀리 냉장고에 AKG 스피커가 내장되어 주방에서 요리하거나 식사 중에도 고품질 사운드를 즐길 수가 있게 되었고, 삼성 스마트TV와 스마트폰 화면을 패밀리 허브의 스크린으로 옮겨 보여 주는 기능도 지원 가능해져서 감상하던 콘텐츠를 거실과 주방을 이동하면서 끊김 없이 감상할 수 있다. 이 기술은 삼성전자 AI 브랜드 '빅스비'를 통해 사물인터넷(LOT)을 통한 다양한 기기를 연동시키는 '커넥티드 솔루션'을 구현함에 있어 동일한 사운드 품질을 제공하는 음향기술 접목도 가능해졌다.

이제 삼성의 장기적인 발전에 큰 도움이 되지 않은 기업 매각과 미래 먹거리사업 관련 인수합병은 뒤로하고 본격적으로 이재용 부회장의 '뉴 삼성'에 대한 기술을 이어가 본다. '뉴 삼성'이라는 용어는 이재용 부회장이 故 이건희 삼성전자 회장 1주기 추도식에서 꺼낸 화두이다. 당시 이건희 회장 흉상 제막식에 참석한 이재용 부회장은 "이제 겸허한 마음으로 새로운 삼성을 만들기 위해 나아가야 한다"고 말하면서 부친인 "이건희 회장의 삶은 사업에 대한 미래를 예측하고 어떤 고난을 겪더라도 과감한 도전으로 오늘의 삼성전자를 만드셨다"며 "겸허한 마음으로 새로운 삼성(뉴 삼성)을 만들고 우리 이웃과 사회의 더 나은 미래를 추구해야 한다"는 데에서 비롯되었다. 이에 삼성 임직원들은 하나로 똘똘 뭉쳐서 뉴 삼성을 위해 전진하자고 강한 억양으로 재차 강조했다. 글로벌 반도체시장에서의 초격차(마하 경영)를 이룬 이건희 회장의 도전 정신을 받들고 삼성그룹 3세로서 제3의 창업정신으로 새로운 도전에 나서겠다는 의지이다.

사실 삼성은 이재용 부회장 취임 이후 큰 변화를 가져왔다. 창업 이후 조부 이병철 회장과 부친 이건희 회장은 철저하게 무노조 경영을 하셨으나, 이재용 부회장은 과감하게 이를 타파하고 향후 삼성은 노사문제 등 잘못된 과거와 단절하고 합법적인 노조를 인정하고, 삼성전자서비스 근로자 정규직 직접고용 등을 통해 무노조 경영의 환골탈태 선언으로 노사 상호 간의 상생발전에 협의하면서 삼성전자를 키워나가겠다고 약속했다. 더불어 반도체 공장 근무환경으로 인하여 백혈병을 얻은 근로자들과도 원만한 법적인 합의를 하겠다며 사회적인 책임 행보를 이어갔다. 자신의 아들에게 삼성을 물려주지 않고 본인 사후에는 전문경영인 체제로 삼성의 미래를 이끌어 가겠다고 하면서 현시점에서 살펴보면 한국경제 상황에 전혀 걸맞지 않은 파격적인 선언도 한다.

하지만 필자는 개인적으로 아직 삼성은 오너 경영 체제를 유지해야 한다고 본다. 비근한 예를 들면 25여 년 전 일본의 전자산업은 세계 1위를 유지하는 대기업(마쓰시타, 소니, 히타치, 미쓰비시,

NEC, 산요, 샤프, 후지쯔 등)이 많고 한국보다 기업 역사가 반세기 이상 길게 유지해 왔으나, 창업자 사후에 오너 경영이 아닌 전문경영인들로 구성된 이사진들이 모든 권한을 갖고 업무 처리를 해왔다. 하지만 이들은 회사 주주들의 눈치를 보면서 돌다리도 두드려 보고 건너는 안전 경영을 추구했다. 그러다 보니 과감한 대규모 투자 시기를 놓쳤으며, 거꾸로 한국의 삼성이나 LG, 현대 등은 강력한 오너십으로 대규모 투자를 결정하고 시행했다. 삼성은 과감한 투자와 탁월한 인재 스카우트로 메모리반도체를 개발하여 10여 년 만에 일본 기업들을 따돌리고 세계 1위로 올라섰으며, 현재도 미국, 중국 지역에 대규모 신규 투자를 하고 있다. 다른 분야를 더 살펴보면 디스플레이 사업 분야로 삼성과 LG는 적기에 투자하여 현재 세계 1위와 2위 회사로 성장했다.

뒤늦게 일본 대기업인 소니, 도시바, 히타치가 연합하여 2012년 4월 2,110억 엔의 자본금으로 재팬 디스플레이를 설립하여 삼성과 LG에 대항했으나, 그사이 삼성과 LG는 재팬 디스플레이보다 더 큰 대규모 투자를 통해 일본 기업들이 넘보지 못할 규모로 성장시킨다. 기타로 소니, 샤프, 미쓰비시, 파나소닉, 히타치, 후지쯔, 산요, NEC 등에서 스마트폰 개발, 생산, 판매를 해왔으나, 현재는 대기업 4개사가 스마트폰 사업을 포기하고 소니, 교세라(산요 인수), 샤프(대만 기업 혼하이 인수), 후지쯔 4개 사만이 흉내 내기 수준의 스마트폰을 내수용으로 월 100만 대 정도 생산, 판매

중이다. 매출 순이익으로 비교해 보면 2019년 기준 삼성전자 1개사 순이익이 21조 7,388억 원이나 앞서 설명한 일본 전자 대기업 8개 사 통합이익은 28조 3,785억 수준이다. 따라서 현시점에서의 한국경제는 대기업의 강력한 오너십이 필요하다고 본다. 일본은 반도체 분야를 제외하고 완전하게 무너진 것이 아니라 서서히 부활하고 있다고 보여지는 시점이고, 중국 기업(샤오미, 화웨이, TCL 레노바, ZTE, OPPO, Vivo 등)들이 저가격과 고기능을 내세워 삼성을 바짝 쫓아오는 기세가 만만치 않으므로 이를 극복하려면 잘나가는 시기일지라도 위기로 보고 더 과감한 투자와 연구개발이 필요할 것으로 고려된다.

최근 경영에 복귀한 이재용 부회장은 향후 삼성전자는 3년간 240조 대규모 투자와 신규 고용 인력 4만 명을 충원한다고 선언하면서 청년들의 일자리 창출에 기여하고, 이에 걸맞은 활발한 투자 활동을 이어가고 있어서 결국 경쟁사들보다 한발 앞선 선택적인 투자와 전략적인 의사결정을 과감하게 추진할 것으로 보인다. 한국 GDP 25%를 차지하는 삼성전자를 대한민국을 대표하는 글로벌 기업으로 더욱 키워나가야 한다고 판단한다.

끝으로 한국 정부도 삼성전자가 내건 뉴 삼성 경영이 안착이 되고, 글로벌 시대를 맞아 해외 경쟁업체와 비교해 뒤처지지 않도록 법의 테두리 안에서 총력 지원을 하는 게 국가의 책무이자 한국경제 발전에 도움을 줄 것으로 믿어 의심치 않는다.

CAHPTER 04

자동차사업의
실패와 재도전

SAMSUNG SAGA

삼성의 자동차사업은 1970년대 중반 경영난에 허덕이던 아세아자동차(현재 기아자동차 광주 공장)가 부도 위기까지 이르자 박정희 대통령이 나서서 삼성 이병철 회장에게 인수 권유를 한 것이 출발점이다. 하지만 당시 삼성은 신규로 투자한 전자사업 등으로 자금의 여유가 없었고, 당시 국내 자동차 시장규모가 연 20만 대 미만이라 리스크를 안고 사업을 하기엔 어려움이 크다고 보고 고민 끝에 자동차사업을 포기한다. 그러나 자동차사업에 대한 미련을 못 버린 삼성은 80년대 들어서 자동차사업팀을 구성해 미국 포드, 제너럴모터스(GM), 크라이슬러, 일본 도요타, 닛산, 독일 BMW, 아우디 등의 회사에 기술제휴를 요청했으나 번 번이 거절을 당했다.

이병철 회장에 이어 1987년 삼성그룹 회장에 취임한 이건희 회장은 자동차사업에 다시 한번 도전했다. 원래 미국 유학 시절 부터 자동차 마니아였던 이건희 회장은 수많은 자동차 전문서석 을 읽었으며, 중고자동차를 매입해 분해 조립하면서 자동차 구 조에 대해서는 전문가 이상의 실력을 갖추게 되었고, 구매 차량 의 일부 부품을 교체하여 매입가격보다 더 좋은 가격으로 재판 매까지 했다. 또 이건희 회장은 세상에서 제일 비싼 슈퍼카 30여 대를 구입해 타고 다녔는데, 용인 에버랜드 고속 주행장인 스피 드웨이 시설에서 직접 차를 몰고 주행했다는 일화는 유명하다.

1990년 삼성은 일본 닛산디젤과 기술제휴를 통해 대형트럭과 상용차를 국내 시장에 내놓고 판매를 시작했지만, 국내 시장 자 동차 규모가 100만 대 정도로 기존 4사(현대, 기아, 대우, 쌍용)만으 로 충분하다고 느낀 김영삼 대통령의 반대로 사업 진출에 어려 움을 겪었다. 이후 김영삼 대통령은 1994년 호주 국빈 방문 중 인 시드니에서 '세계화'를 천명하며 국경 없는 세계화 시대에 국가경쟁력에 도움이 된다면 승용차사업도 좋을 것 같다며 삼 성의 자동차사업 허가를 내렸다. 다만 허가 기준으로 삼성에 각 서를 쓰게 하는데, 자동차의 수출 비중을 98년 30%, 2000년 40%, 2002년 55%로 확대하라는 것과 1998년부터 자동차 부품

U.S. VS. JAPAN: SQUARING OFF FOR A TRADE WAR?

INTERNATIONAL
BusinessWeek

FEBRUARY 28, 1994   A McGRAW-HILL PUBLICATION

SAMSUNG
A MANAGEMENT REVOLUTION

Samsung CEO
Lee Kun-Hee
is attempting
to rev up the
corporate
culture of his
$54 billion group

1994년 비즈니스위크 표지를 장식한 이건희 회장

을 70~80% 국산화하고 부품조달 시 기존 자동차 4사에 피해가 없도록 하라는 조건이었다. 또한 기존 자동차회사의 현직 및 향후 퇴직자 중 2년 이상 경과하지 않은 인력의 채용을 금지하라는 독소조항을 각서에 표기한다. 그 당시 이건희 회장은 김영삼 대통령과 독대 시 위에 언급한 독소조건을 받아들였고, 한발 더 나아가 파격적인 조건으로 삼성자동차 1차 협력사인 중소기업 지원방안을 제시하면서 정부의 허가를 얻게 되었다.

그러나 이러한 조건으로 국내에서 인력 보강이 어렵자 해외에서 인력을 스카우트하고, 기존 직원들을 닛산자동차로 1년간 기술연수를 보내는 교육훈련을 시키면서 자체적으로 인력양성에 나서게 된다. 1993년도부터 이미 삼성은 정부 허가를 받는다는 전제하에 시장규모가 큰 승용차 생산판매를 목표로 해외 첨단 자동차 회사인 일본 도요타, 독일 BMW, 아우디 등으로부터 기술제휴를 추진했으나, 도요타는 2000년 이후에나 한국 시장에 진출할 계획이라서 삼성의 제휴를 거절했고, BMW사와는 상당한 진전이 있었으나, 삼성의 자동차 실무팀이 BMW 자동차의 무리한 기술제휴 계약조건에 난색을 표하며 포기한다.

마지막으로 일본 닛산에 기술제휴를 요청했으나, 당시 대우자동차와 레저용 차량 RV(Recreational Vehicle) 기술제휴를 이미 하고 있는 터라 반대했다. 그러나 1994년 4월 삼성의 끈질긴 설득에 닛산은 세피로라는 2000cc급 차량의 기술 이전 계약을 한다.

세피로는 1994년에 탄생한 제품으로 일본에서는 6기통 엔진인 원형 형태의 VQ(Vector Quantasdsdas adatization)엔진을 탑재했으나, 삼성은 닛산 프리메라에 달려있던 4기통 엔진 버전인 SR엔진을 개량하여 장착한 자동차를 생산한다. 삼성이 자동차 정식 생산 판매를 선언하자, 국내 라이벌 기업인 현대와 기아차가 긴장하면서 1994년부터 1998년 사이에 각종 유언비어로 삼성에 대한 견제를 시작한다.

1995년 현대가 제작을 지원한 TV 드라마 '아스팔트사나이'에서 "쪽바리 차 가져와서 고객들을 기만하고 있다"라는 대사가 나오는데 직간접적으로 삼성이 일본 기술을 들여와 자동차사업을 한다는 비판이었다. 하지만 현대자동차도 1973년 일본의 미쓰비시자동차로부터 기술이전을 받아서 승용차를 생산 판매했으므로 삼성을 비난할 입장은 아니라고 생각한다.

삼성은 신규 투자(공장 건설 등)로 엄청난 자금이 들어가는 자동차사업보다 기존 회사를 인수하는 것이 좋은 방법이라 인식하고 1993년부터 자금난을 겪던 기아차 주식을 삼성생명과 삼성화재가 10% 정도 매입했다. 이는 기아차 오너지분 7.7%를 넘었고 이때부터 언론에서 삼성의 공격적 지분 매수에 비판이 들끓자 보유주식을 전량 매각하고 기아차 인수를 포기한다. 원래 삼성은 자동차 사업부지로 당진과 진해를 고려했으나, 김영삼 대통령의 모교가 있는 부산의 신호공단 토지를 매입키로 하고 삼성은 평당 25만 원을 제시했으나, 부산시에서 평당 60만 원을 달라고 요구해 최초의 투자 예상 금액인 1조 3천억 원을 훌쩍 넘어선 4조 3천억 원으로 늘어난다.

이런 악조건에도 불구하고 삼성은 95년 부산공장 기공식을 했고, 삼성에 걸맞는 최고 수준의 사원아파트, 볼링장, 수영장, 골프 연습시설 등의 각종 부대시설을 건축하면서 최초 계획된 공장 시설비의 2배 가까이 투자를 아끼지 않았다. 왜냐하면 신호공단이 항구와 가까워 각종 원부자재의 수입 및 완성차 자동차의 수출에도 유리했기 때문이다. 하지만 이건희 회장은 이에 개의치 않고 향후 10조 원을 투자한다고 발표했다.

1996년 부산 공장이 완공되고, 삼성자동차 생산이 시작되면서 첫 승용차로 SM5가 출시되었다. 삼성의 SM5는 초창기 일본 닛산의 부품을 수입해서 조립했기 때문에 잔고장이 없고 품질이 좋다는 소문으로 택시회사들이 대량으로 구매했고, 10만 킬로미터를 달린 승용차의 엔진소리가 거의 새소리처럼 조용하다는 소문이 나돌면서 삼성자동차의 매출을 단기간에 파격적으로 증가시켰다. 그렇지만 삼성은 초기의 과대투자 비용으로 인하여 SM5 1대 판매 시 대당 153만 원 정도의 손해가 발생했다. 닛산에 지불하는 로열티 비용과 차량 가격에 비해 좋은 부속품들을 쓰면서 적자는 늘어갔다. 실제로 삼성 SM5는 반영구적인 타이밍체인, VQ형 엔진에 장착된 백금점화 플러그, 스테인리스머풀러, 신가교불소도장, 아연도금강판(국내 최초), 잔고장을 줄이는 전기장치 접점을 강화한 정선블럭 등 방청 부식보증의 접합된 닛산기술이 녹아든 승용차로 특히나 하체 부분이 단단하면서도 무르지 않은 승차감은 운전자로 하여금 심리적 안정감을 주기에 충분했다. ADS 장착된 모델은 노면 상황에 따라서 쇼버의 감쇄력이 제어되는 시스템을 채택해서 타사 경쟁 차량보다 탁월한 승차감을 제공했다. 당시 닛산이 개발한 QT 서스펜션은 항간에 토션바여서 안 좋다는 말이 있었지만 가운데 있는 레터럴링크와 바퀴 좌우에 장착된 링크가 유동적으로 움직이면서 차량의 하체를 안정감 있게 해주었다. 그리고 1997년 KPQ라는 코드명으로 차량 주행 테스트를 하는데 도요타 캠리, 혼다 어코드, 현대 소나타3, BMW5281과 비교 테스트 결과 위 기종을 압도하는 좋은 성능을 가진 자동차로 평가된다.

1997년 7월 경영난을 겪던 재계 순위 7위 기아자동차가 부도 나자, 삼성은 또 한 번 기아자동차 인수에 나섰지만 여러 가지 복잡한 삼성 내부 여건으로 포기했고, 1998년 4월 법정관리에 들어간 기아자동차를 어부지리로 현대자동차가 인수하면서 거의 국내 시장점유율 80% 이상의 독점기업이 되었다.

1997년 김영삼 정부 말년에 터진 IMF로 인해 한보를 비롯해 삼미, 한라, 해태, 진로그룹이 파산했고, 정부도 IMF 구제금융을 신청하자 삼성도 자동차사업 3년 만에 4조 원에 이르는 누적부

채가 발생해 1998년 김대중 정부는 삼성자동차의 매각을 적극적으로 추진하면서 당시 삼성자동차 문제해결 대책위원장인 노무현 변호사가 중심이 되어 삼성자동차에 대한 공식적인 매각 절차로 들어간다.

마침내 삼성자동차는 프랑스 르노사가 삼성의 부채를 안고서 1995년 출범한 삼성자동차를 2000년 인수하면서 삼성카드가 보유한 19.9%의 지분을 인정하고 르노에 삼성의 브랜드를 빌려주는 대신 영업이익의 0.8% 로열티를 받기로 최종 합의하고 매각한다. 삼성이 10년간 공을 들인 자동차사업을 2년 만에 눈물을 머금고 포기하면서 삼성에 가장 큰 실패를 가져온 사업으로 남는다.

2009년 르노와 삼성은 르노삼성 브랜드 사용 기간을 10년 연장했고, 2010년에는 연간 자동차 최대 생산 27만 5,267대를 기록했다. 2020년 8월 르노는 삼성 브랜드 사용계약 연장을 포기하고, 2021년도에는 삼성카드가 보유지분 19.9%를 매각하며 르노에서 완벽하게 탈피하면서 26년 만에 삼성자동차는 수면 아래로 가라앉는다. 가설이지만 과거 삼성이 기아자동차를 인수했다면 삼성은 자동차사업을 반도체사업처럼 세계 초일류 자동차회사로 탈바꿈할 수 있었을 거라고 필자는 생각한다.

최근 이재용 부회장은 자동차 전장 오디오 사업의 세계 1위 회사인 미국의 하만을 2016년 80억 달러에 인수하고, 자동차용 반도체 및 전기자동차 배터리 생산시설을 갖추면서 조만간 전기자동차를 삼성이 직접 생산할 것이라 본다. 미래에는 환경을 100% 유지할 수 있는 전기자동차 시대가 올 것이며, 한번 충전으로 1000km를 달릴 수 있는 자동차가 출시될 것이고, 더 나아가 수소자동차 등 AI(인공지능) 기술을 응용한 무인자동차 시대가 곧 다가올 것이다. 전자회사인 일본 소니도 지난 2022년 1월 미국에서 열린 CES전시회에서 전기자동차사업 진출을 선언하고 미국의 애플과 구글도 전기스마트카 사업에 진출을 선언함으로써, 삼성을 비롯한 LG, SK그룹도 환경에 제한받지 않는 전기차 사업에 흥미를 갖고 참여할 것으로 판단되며 그 첫 주자는 삼성전자가 될 것이라 기대하고 있다.

이재용 부회장

CAHPTER 05

'뉴 삼성 경영'에 대한
기대감

SAMSUNG SAGA

이재용 부회장은 부친 이건희 회장의 권유로 서울대 동양사학과를 졸업했다. 이후 유학을 가서 일본 게이오 대학교 경영대학원 석사를 마치고 미국 하버드 대학교 경영대학원 비즈니스 박사과정을 수료해 영어와 일본어에 능통한 것으로 알려졌다. 이후 삼성전자에 1991년 경영기획팀 부장으로 입사해서 이사, 상무, 전무, 부사장, 사장을 거치면서 오랜 경영 수련을 받고 2012년 12월 44세의 나이에 부회장으로 승진하여 오늘에 이른다.

2014년 5월 10일 급성심근경색으로 삼성의료원에 입원하고 오랜 투병 끝에 2020년 10월 25일 별세한 이건희 회장을 대신하여 삼성그룹의 실질적인 회장 역할을 대신하고 있다. 경영 수업도 삼성의 톱 경영자 중 한 분인 A부회장 밑에서 철저한 하드 트레이닝을 받아 현재는 바로 회장직에 올라도 삼성경영을 이끌어 나가는 수장으로서 조금도 손색이 없을 정도로 경력과 능력을 겸비하고 있는 것으로 알려져 있다. 부친 이건희 회장과 모친 홍라희 여사의 장점만을 이어받아 성격은 개방적이고 호탕하며, 사리판단 분별력도 뛰어나서 미래 사업아이템 발굴차 해외 출장 시 타 대기업 회장들과는 달리 수행비서 없이 홀로 출장을 가 본인 스스로 사전준비를 철저하게 분석하고 파악하여, 경쟁사의 최고경영자보다 빠른 시간 내에 업무를 처리하고 돌아오는 것으로 유명하다.

국내 타 대기업 출신의 자녀들은 그룹 입사 후 바로 임원으로 승진해 경영 수업을 받고 수년 이내에 대표이사로 승진하는 것에 비해서 이재용 부회장은 삼성 입사 후 본인이 담당한 사업의 경영에 대한 철저한 사업성과를 검증받으면서, 부회장 직위로 승진한 것을 보면 삼성전자만이 갖고 있는 고유의 독특한 경영 능력 평가 시스템의 결과물이라고 판단된다. 이재용 부회장은 경쟁하는 타 그룹의 오너들보다 뛰어난 경영능력을 발휘하면서 2015년 약 200조 매출이던 삼성전자의 매출을 2020년 기준 236조 8,100억 원으로 신장시켰고, 영업이익도 35조 9,900억 원을 달성했으며 2021년도 예상은 매출 279조 400억 원에 영업이익 51조 5,700억 정도로 예상되어, 액면가 100원의 국민주로 전환되고도 삼성전자는 이건희 회장 시절보다 더 큰 폭의 성장을 하면서 주주들의 경제활동에 연 4회 배당금 포함 큰 이익을 주고 있는 게 자명한 사실이다.

증권전문가들의 주식시장 보고서에는 삼성전자 액면가 100원 주식이 조만간 10만 원 주가로 올라갈 것으로 예상된다. 하지만 현실적으로 판단해 볼 때 이재용 부회장은 아직도 법의 굴레에서 완벽하게 벗어나지 못하고 가석방 상태에서 재판을 받고 있다. 이재용 부회장 1심 재판에 대한 선고를 내린 2017년 8월 25일 필자는 일본 출장 중이었는데, 일본 소니 출신 임원과 저녁 식사 대화 도중에 "대한민국 사법부가 이재용 부회장에게 징역 5년을 선고하고 법정구속을 시켰다"고 하면서 필자에게 강한 어조로 대한민국 사법부를 비판했다. 필자는 얼굴을 들 수 없을 정도로 창피해서 쥐구멍이라도 찾아 숨고 싶을 정도였다. 당시 소니 임원은 한국경제 GDP의 20%를 차지하는 기업의 총수를 구속하는 게 법적으로 정당한 판결이냐면서 이런 판결을 이해할 수가 없다고 했다. 이재용 부회장 판결 전에는 통상적인 관례상 대기업 총수들이 법적인 재판 시 아무리 죄가 무겁고 엄중해도 거의 100% 징역 3년에 집행유예 5년을 선고하면서 법정구속은 면하게 하고 대신 대한민국 경제발전에 집중토록 했는데, 이번 재판은 아무도 예상 못한 뜻밖의 결과였다.

실질적으로 한국의 정치경제 관련 역사를 되돌아보면 전두환 정부 시절 정치자금을 요구한 신군부 실세들에게 정치자금을 지원하지 않은 국제그룹은 하루아침에 전두환 정부에 미운털이 박히면서 한순간에 경제계에서 사라져 버린 것을 보면, 정권을 잡고 있는 정부에서 징치자금 요구 시 거부할 수 있는 대기업 총수는 한 명도 없을 것으로 본다. 오죽하면 현대그룹 창업자인 정주영 회장이 정부에 불법정치자금을 지원하는 것보다 본인이 직접 대통령 선거에 출마하면서, 당선되면 이런 악법을 고치겠다고 선언했을까. 삼성의 이재용 부회장도 본인의 의사보다는 정부 실세의 보이지 않는 압박으로 어쩔 수 없이 당시 독일에서 훈련 중이었던 국가대표급 선수인 정유라에게 승마 관련 비용을 지불할 수밖에 없었을 거라 필자는 판단한다.

이런 상황을 그나마 잘 판단한 2심 재판부는 다행히 이재용 부회장에게 구속 353일 만에 1심 선고를 깨고 징역 2년 6개월에 집행유예 4년을 선고하면서 자유의 몸으로 돌아오게 한다. 당시 경제계는 2심 선고를 대대적으로 환영하면서 삼성은 앞으로 더욱더 사회경제적인 책임감을 느끼고 기업 활동에 매진할 것을 주문했다. 이번 판결이 지금까지 제기된 의혹과 오해들이 상당 부분 해소되었으므로, 지금부터 삼성은 그동안 이재용 부회장의 경영 공백을 빠르게 메우고 적극적인 투자와 일자리 창출 등 기업 본연의 역할을 충실하게 수행하여 대한민국 국가 경제발전에 더욱 매진할 것을 주문한다.

　이에 따라서 집행유예로 풀려난 이재용 부회장은 "제가 큰 부분을 놓친 것 같다"면서 "성취가 커질수록 국민들과 우리 사회가 삼성에 건 기대의 잣대가 더 엄격하게 커진 것을 명심한다"며 구속 기간 중 답답하고 억울한 심정이 없지 않았지만, 자신을 되돌아보는 계기가 되었고, 이제는 항상 국가에 감사하고 보답하는 의미로 경제활동에 전념하겠다고 선언한다. 이는 삼성의 창업자인 이병철 회장의 경영이념인 '사업보국(事業報國)'과 일맥상통하고 있어서 삼성은 정경유착, 무노조 경영 등의 부정적인 이미지를 벗어나 국민 신뢰회복을 하는 기업으로 변신하도록 총력을 기울였다. 하지만 검찰은 곧바로 상고하면서 재판은 이어졌고, 최종판결을 내리는 대법원은 삼성 임직원들과 대다수의 국민이 원했던 방향과 전혀 다르게 고법으로 파기환송을 하면서 재판을 다시 하라고 선고한다. 이어진 파기환송심에서 서울고법 형사1부는 2021년 1월 20일 정유라에 대한 말 3필 지원을 뇌물이라고 판시하며, 2018년 2월 2심에서 집행유예로 풀려난 이재용 부회장에 대해 징역 2년 6개월을 선고하면서 법정구속을 시킨다. 이 판결에 따라 삼성은 큰 타격을 받으면서 투자가 위축되는 상황도 발생했고 해외 경쟁업체는 이 기회가 삼성을 뛰어넘는 계기가 될 수 있다고 판단하고 여러 가지 다양한 경영전략으로 삼성전자에 협공하기도 했다. 구속된 이재용 부회장은 모범적인 수용생활을 잘 이어 나갔고, 갑작스런 맹장수술도 겪었지만 재계의 청원과 국민 대다수의 석방 요구에 2021년 8월 13일 대통령 권한으로 재구속 207일 만에 서울구치소에서 석방되었다.

하지만 가석방으로 특별경제 가중처벌법상 5년의 취업제한 등을 포함해 해외 출장 시 법무부의 사전 승인을 받는 번거로운 절차가 남았다. 그러나 이런 법의 굴레를 잘 극복하고 '뉴 삼성경영'으로 삼성전자를 전자업계 1위인 세계 초일류 기업으로 유지시키고, 부친 이건희 회장의 제2의 창업으로 이룩한 위대한 업적을 뛰어넘는 실적을 낼 것으로 기대한다.

다행스럽게도 국민들의 청원과 정치 경제 원로들의 사면요청을 현 윤석열 정부가 받아들이며 8.15특별사면을 이재용 부회장에게 허가하여 경제활동을 자유롭게 한 것은 현명한 조치라고 판단한다.